新媒体茶座编委会

新媒体茶座

New Media Cafe

谭　天　主编

暨南大学出版社
JINAN UNIVERSITY PRESS

中国·广州

CONTENTS 目录

经典阅读

我读大数据，拒绝大忽悠

——读《大数据时代》有感

■ 谭　天

如今说起新媒体和互联网，必提到大数据，似乎不这样说就 Out 了。而且人云亦云的居多，不少谈论者甚至还没有认真读过这方面的经典著作——舍恩伯格的《大数据时代》。维克托·迈尔·舍恩伯格何许人也？他现为牛津大学网络学院互联网研究所治理与监管专业教授，曾仜哈佛大学肯尼迪学院信息监管科研项目的负责人。他的咨询客户包括微软、惠普和 IBM 等全球顶级企业，他是欧盟互联网官方政策背后真正的制定者和参与者，他还先后担任多国政府高层的智囊。这位被誉为大数据时代的"预言家"的牛津教授真牛！那么，这位大师说的都是金科玉律吗？并不一定，读大师的作品一定要做些功课才容易读懂，只有做足功课又具备相应的理论功底，才能与之进行一场思想上的对话。

一　读

舍恩伯格的书分三部分来讨论大数据，即思维变革、商业变革和管理变革。在第一部分"大数据时代的思维变革"中，舍恩伯格旗帜鲜明地亮出他的三个观点：①更多：不是随机样本，而是全体数据。②更杂：不是精确性，而是混杂性。③更好：不是因果关系，而是相关关系。

对于第一个观点，我不敢苟同。一方面是对全部数据进行处理，在技术和设备上有相当高的难度。另一方面是不是都有此必要，对于简单事实进行判断的数据分析难道也要采集全部数据？ 我曾与香港城市大学的祝建华教授讨论过这个问题。 祝教授是传播学研究方法和数据分析的专家，他认为一定可以找到一种数理统计方法来进行分析，并不一定需要全部数据。 联系舍恩伯格的第二个观点中所说的相关关系，我认为他说的全体数据不是指数量，而是指范围，即大数据的随机样本不限于目标数据，还包括目标以外的所有数据。 我认为大数据分析不能排除随机抽样，只是抽样的方法和范围要加以拓展。

我同意舍恩伯格的第二个观点，我认为这是对他第一个观点很好的补充，这也是对精准传播和精准营销的一种反思。 "大数据的简单算法比小数据的复杂算法更有效"，更具有宏观视野和东方哲学思维。

对于舍恩伯格的第三个观点，我也不能完全赞同。 "不是因果关系，而是相关关系"，不需要知道"为什么"，只需要知道"是什么"。 传播即数据，数据即关系。 在小数据时代，人们只关心因果关系，对相关关系认识不足，大数据时代的相关关系举足轻重，如何强调都不为过，但不应该完全排斥因果关系。 大数据从何而来？ 为何而用？ 如果我们完全忽略因果关系，不知道大数据产生的前因后果，也就消解了大数据的人文价值。 如今不少学者为了阐述和传播其观点，往往语出惊人，对旧有观念进行彻底的否定，这是不可取的。

世间万物的复杂性、多样化并非非此即彼那么简单，舍恩伯格也陷入了这种二元对立的幼稚思维吗？ 其实不然，读者在阅读时一定要看清楚他是在什么语境下说的，不要因囫囵吞枣的浅读而陷入断章取义的误读。 比如说，舍恩伯格在提出"不是因果关系，而是相关关系"这一论断时，他在书中还说道："在大多数情况下，一旦我们完成了对大数据的相关关系分析，而又不再满足于仅仅知道'是什么'时，我们就会继续研究更深层次的因果关系，找出背后的'为什么'。"[①]由此可见，他说的全部

---

① ［英］维克托·迈尔·舍恩伯格、肯尼思·库克耶著，盛杨燕、周涛译：《大数据时代》，杭州：浙江人民出版社 2013 年版，第 89 页。

数据和相关关系都有特定语境，是数据挖掘中的选项。

　　大数据研究的一大驱动力是商用，舍恩伯格在第二部分里讨论了大数据时代的商业变革。舍恩伯格认为数据化就是一切皆可"量化"，大数据的定量分析有力地回答了"是什么"这一问题，但仍然无法完全回答"为什么"。因此，我认为并不能排除定性分析和质化研究。数据创新可以创造价值，这是毫无疑问的。舍恩伯格在讨论大数据的角色定位时，仍把它置于数据应用的商业系统中，而没有把它置于整个社会系统里，但他在第二部分大数据时代的管理变革中讨论了这个问题。在风险社会中，信息安全问题日趋凸显，数据独裁与隐私保护成为一对矛盾。如何摆脱大数据的困境？舍恩伯格在最后一节"掌控"中试图作出回答，但基本上属于老生常谈。我想，或许凯文·凯利的《失控》可以帮助我们解答这个问题，至少它可以提供更多的思考维度。正如舍恩伯格在结语中所道："大数据并不是一个充斥着算法和机器的冰冷世界，人类的作用依然无法被完全替代。大数据为我们提供的不是最终答案，只是参考答案，帮助是暂时的，而更好的方法和答案还在不久的未来。"谢谢舍恩伯格，让大数据讨论从自然科学回到人文社科。由此推断，《大数据时代》不是最终答案，也不是标准答案，只是参考答案。

　　此外，在阅读此书之前还必须具备一些数据科学的基本知识和基本概念，比如说，什么叫数据？什么叫大数据？数据分析与数据挖掘的区别是什么？数字化与数据化有什么不同？读前做些功课，读起来就比较好懂了。

二　读

　　概念是研究的逻辑起点，"大数据"到底是什么？在百度上搜索到的解释是，"大数据（big data），或称巨量资料，指的是所涉及的资料量规模巨大到无法透过目前主流软件工具，在合理时间内达到撷取、管理、处理，并整理成为帮助企业经营决策更积极目的的资讯"。大数据的4V特点是：数量（Volume）、速度（Velocity）、品种（Variety）和真实性（Veracity）。但舍恩伯格认为大数据并非一个确切的概念。 他在书中的一段诠释更具人文色彩和社会意义： "大数据是人们获得新的认知、创造新的价值的源泉；大数据还是改变市场、组织机构，以及政府与公民关系的方法。"①其实，概念的界定要看研究者从哪个角度来研究它。

科学家的治学态度是严谨的，而人文学家则更具有想象力。一些对大数据不甚了然的人往往夸大了它的作用，甚至把它神化。 舍恩伯格认为大数据的核心是预测。 "大数据不是要教机器像人一样思考。 相反，把数学算法运用到海量的数据上来预期事情发生的可能性。"②舍恩伯格甚至不回避大数据所产生的负面影响，他在第七章里谈到让数据主宰一切的隐忧，我觉得这是实事求是的科学态度。 在量子力学里有一个测不准原理：一个微观粒子的某些物理量（如位置和动量，或方位角与动量矩，还有时间和能量等），不可能同时具有确定的数值，其中一个量越确定，另一个量的不确定程度就越大。 测不准原理主要解释微观世界的物理现象，信息社会中的大数据会不会也有类似情况呢？ 如果我们再把凯文·凯利的《失控》和它对比来读的话就更有意思了，这样我们对整个物质世界乃至人类社会就有了更全面、更深刻的洞察。 从物理王国到生物世界，再到信息社会，从公共卫生到商业应用，从个人隐私到政府管理，大数据无处不在。 与此同时，从哪个角度探讨，用什么方法来研究，舍恩伯格都不会忘记大数据服务人类、造福人类的终极目的和价值所在。 "大数据并不是一个充斥着运算法则和机器的冰冷世界，其中仍需要人类扮演重要角色。 人类独有的弱点、错觉、错误都是十分必要的，因为这些特性的另一头牵着的是人类的创造力、直觉和天赋。 它们偶尔会带来屈辱或扰乱大脑运作，但也能带来成功，在偶然间促成我们的伟大。 这提示我们应该乐于

---

① ［英］维克托·迈尔－舍恩伯格、肯尼思·库克耶著，盛杨燕、周涛译：《大数据时代》，杭州：浙江人民出版社 2013 年版，第 9 页。
② ［英］维克托·迈尔－舍恩伯格、肯尼思·库克耶著，盛杨燕、周涛译：《大数据时代》，杭州：浙江人民出版社 2013 年版，第 16 页。

接受类似的不准确，因为不准确正是我们之所以为人的特征之一。"①用中国话来说就是"人无完人"，人类在收获大数据带来的红利的同时，也要承受它带来的危害。 这不就是对立统一的辩证唯物主义吗？ 我把它看作是带着欧洲批判学派色彩的科学发展观。

问题是研究的价值基点，"大数据"不是舍恩伯格研究的问题，而是研究对象，他研究的是数据处理和信息管理问题，同时也讨论信息安全和网络伦理问题，还引发了人类在哲学上的思考，将哲学史上争论不休的世界可知论和不可知论转变为实证科学中的具体问题。 可知性是绝对的，不可知性是相对的。 "大数据"之所以伟大，是因为它引发人类生活、工作和思维的大变革。 从这个意义上来看，《大数据时代》的意义不仅在于它讨论了若干重大问题，而且也为研究者开出了一个问题清单，从而引发更多人来探讨这些有趣的问题。

《大数据时代》是一本主要讨论数据挖掘的书。 数据挖掘与数据分析是两个不同的概念。 数据挖掘一般是指从大量的数据中自动搜索隐藏于其中的有着特殊关系性的信息的过程。 数据挖掘通常与计算机科学有关，并通过统计、在线分析处理、情报检索、机器学习、专家系统（依靠过去的经验法则）和模式识别等诸多方法来实现上述目标。 而数据分析的目的是将隐没在一大批看起来杂乱无章的数据中的有用信息集中、萃取和提炼出来，以找出所研究对象的内在规律。 数据挖掘主要运用计算机来进行处理，而数据分析既要用计算机，也要人工分析，是计算机科学与人文价值判断的统一与结合。 换言之，《大数据时代》并不是一本讨论大数据所有问题的书。

《大数据时代》也是一本讨论互联网发展的书，从数字化到数据化，同时有浓厚的未来学色彩。 当文字变成数据，我们进入了互联网时代；当方位变成数据，我们进入了物联网时代；当沟通变成数据，我们进入了下一代互联网时代。 一切可量化，

---

① ［英］维克托·迈尔－舍恩伯格、肯尼思·库克耶著，盛杨燕、周涛译：《大数据时代》，杭州：浙江人民出版社 2013 年版，第 245～246 页。

万物皆数据，正是当今互联网世界的真实写照。面对这样的世界，在《大数据时代》中出现最多的词是"思维"和"方法"，因此也可以把这本书视为思维科学应用研究的书。

三 读

2013 年国庆节前一天，中共中央政治局常委们来到中关村搞集体学习，调研、讲解、讨论创新驱动发展战略。包括习近平总书记、李克强总理在内的七位常委全部来到中关村，这是史无前例的百度、联想和小米的负责人有了一次直接向最高层汇报工作的机会。雷军和柳传志，讲解的都是本公司的各种情况，李彦宏则没有讲百度的广告业务发展得如何好，而是讲起了大数据。在讲解中，李彦宏认为大数据有两个重要价值，一是促进信息消费，加快经济转型升级；二是关注社会民生，带动社会管理创新。这些价值也是目前党和国家领导人最为重视的，可见《大数据时代》既有理论价值也有现实意义。

当今大数据正在影响着新闻传媒业，大数据新闻、大数据营销、舆情分析、受众（用户）研究……数据分析师变身新闻编辑，大数据正在改变新闻生产流程及创造传媒新业态。"不妨想象一下，随着数据的进一步增加，坐拥用户资源的新媒体们完全有能力通过数据挖掘，分析用户癖好，向电视台定制一部电视剧甚至向好莱坞定制一部电影。到那个时候，电视台一如那些家电厂商们，曾经产业链的上游'王者'，将彻底成为一个产业链最低端的内容代工厂。"①然而，情形远没有人们想象的那么乐观。李彦宏指出，目前多数所谓的大数据公司其实还是空壳子，因为数据还没有完全开放。他认为必须在政府层面推动数据平台的建设才能真正实现大数据的开发与利用。我在讨论大数据时代的舆情监测与预警时说道："经典自由主义传播学说对媒体的定位：秉持公正、客观立场的媒体被称为代表公众监督政

---

① 赵赛坡：《大数据面前，电视台恐将沦为内容代工厂》，http://www.tmtpost.com/69643.html。

府行为的'看门狗'。 其实，媒体既是公众利益也是国家利益的'看门狗'。 要看好门就要瞭望、洞察社情民意。 传统媒体信息反馈渠道单一，视野、人力十分有限，而开放互动的新媒体平台却大有可为。 作为公共信息发布平台的微博可以成为政府及时了解社情民意，从而选择正确治理路径的'导盲犬'。"① 遗憾的是，目前我国的数据平台还没有完全开放，真正的大数据时代还没有到来。

与国内不少教科书式的专著相比，国外的书写得更有趣，尤其是大学者写的，不仅视野开阔，而且能够深入浅出。 《大数据时代》不到 22 万字，却有上百个学术和商业的实例，丰富翔实的例子通俗易懂，深奥的理论看起来也不费劲。 这恐怕与舍恩伯格既是学者也是专家，既有理论又有实践有关。 反观我们一些学者故弄玄虚以示高明，实际上是把读者拒之门外。 我觉得优秀的科学家也应该是一个科普作家，优秀的学者也应该是一个不错的传播者。 然而对于国外的学术著作存在一个翻译问题，《大数据时代》这本书译得还不错。 此外，该书还附有不少 IT 界名流的推荐意见，虽是出版商的发行所为，但对解读此书也不无益处。

除了《大数据时代》，舍恩伯格的另一本著作《删除》也值得一读。 要研究大数据不能只读一本书，该书译者周涛教授还推荐了三部国内出版的大数据方面的专著：《证析》、《大数据》、《个性化：商业的未来》。 相比《大数据时代》的宏大视野，这些书就大数据某一局部问题给出了翔实的介绍和洞见。我也推荐读一读中国工程院李国杰院士和中科院计算技术研究所副总工程学旗合写的文章《大数据研究：未来科技及经济社会发展的重大战略领域——大数据的研究现状与科学思考》。

虽说开卷有益，但是由于每个人的时间精力有限，对于一个研究者来说，不读什么书甚至比读什么书更重要。 我认为书有三种：有用的书，主要是应用类的专业书；无用的书，主要是形

---

① 谭天：《微博：反映舆情的"双刃剑"》，《中国社会科学报》，2013 年 5 月 8 日。

而上的思想类；无字的书，指的是人间百态、社会现实。 可偏重但不应偏废。 对于学生来讲，这三类"书"都该读一些，研究者则要读一些解决关键问题的书，《大数据时代》就是这样一部书。 当然，并非每一个读者都是研究大数据的，但进入大数据时代，还有什么东西与数据完全没有关系呢？ 麦肯锡全球研究机构认为，未来十年里有 12 项对经济发展产生重大影响的技术，其中包括三项新媒体技术：移动互联网、物联网和云计算。这三项新媒体技术都与大数据密切相关，而这些新媒体、新技术的发展都影响着当今的新闻传播业。 阅读此书，至少给我们研究新闻传播学带来一些启迪。 我觉得一本书的价值不在于让你顶礼膜拜，而在于能引发广泛而深入的讨论。

"凡是过去，皆为序曲"，读完此书，我们对大数据的认识才刚刚开始。

蚂蚁·蝴蝶·变色龙

——超验主义《失控》中的控制之外

■ 张　琛①

　　今天，在 0 和 1 组成的世界运行模式中，凯文·凯利在 1994 年成书的《失控》中描述了一些特别而有趣的事情，这些事情的意义经过了漫长的沉淀。

　　"从大爆炸迄今，一百亿年来，宇宙从一团致密而极热的原始物质慢慢冷却。当这一漫长的历史走到大约三分之二的时候，一些特别的事情发生了。"②《失控》，全名为《失控：机器、社会与经济的新生物学》（*Out of Control：The New Biology of Machines，Social Systems，and the Economic World*）。中译本的副标题是"全人类的最终命运和结局"。这本公认晦涩难懂的书用"技术超验主义"的色彩包裹着每一个章节。阅读这本书是费劲和伤神的，它把每一个读者都引入自然的奇幻，却又告诉你这其实是真实存在的，而且就在我们身边：网络、虚拟货币、病毒、电子游戏、虚拟动画角色、高仿真的军事系统等。把《失控》划入任何一个学科范畴都是"失控"的。生物、数学、化学、物理、控制、混沌等学科，在一种未来主义的引导下留下了太多的"信息素"。这本书 2010 年才发行中译本。今天的 TMT（Technology，Media，Telecom）时代，科技、媒体和通信整合发展，带来了从 PC 端到移动端市场的爆炸式发展，人类被前所未有的智能化环境包围。20 年后的今天来阅读这本《失控》

---

　　① 成都理工大学广播影视学院管理系教师，主要从事文化产业、视听新媒体传播研究。

　　② ［美］凯文·凯利著，东西文库译：《失控》，北京：新星出版社 2011 年版，第 602 页。

反而更加应景。协作、物联网、虚拟现实、共生、共同进化等概念在书中预言性地被提到，并在今天成为最热门的话题。

该书的作者凯文·凯利，是科技类杂志《连线》的创始人。如果据此就认为《失控》是讨论技术的，那真的会让人失望。但如果了解到凯文·凯利自称为"技术超验主义者"这一点，那整本书的逻辑就具有了合理性。从《失控》里可以提炼出三个疑问：

生物是什么？生命是什么？人又是什么？

最后提出：造化所生的自然王国和人类建造的人造国度正在融为一体。机器，正在生物化；而生物，正在工程化。整本书可以说，是通过自然生态的运行法则来说明人与机器的生物链。

但这本书较少涉及人类自身作为生物体的自然生产机制。或许多些自然进化的观念可以让我们人类找到更好的生存定位。因为相较于自然，我们人类有着更复杂和漫长的历史进化，从物质文化的单一存在到非物质文化的剧烈震荡，从旧石器时代末期或中石器时代初期直到新石器时代，经历了至少 8 000 年。部落的出现是为了适应环境变化，人类像进入镜像房间的变色龙，多方位投射来的影响，使得小部落的社会规模与资源的有限相匹配。我们的确从《失控》中所频繁提到的"蚂蚁"、"蝴蝶"、"变色龙"那里学习了很多，但是既然未来人类和技术的融合不可避免，那么我们更应该先讨论二者是怎样"共生依赖"的，当然，这种灵感的产生还是要回归到书中提到这三个生物族群。

一、蚂蚁的帝国

凯文·凯利认为蚂蚁帝国的智慧有着巨大的价值。书中这样描述蚂蚁："每只蚂蚁都会在移动过程中留下一些特殊的化学物质'信息素'，离食物越短的路径，信息素浓度就越高，所以无数只蚂蚁的盲目尝试，却可以让群体在很短的时间内找到最短的觅食路径。"[1]

---

[1] ［美］凯文·凯利著，东西文库译：《失控》，北京：新星出版社 2011 年版，第 451 页。

蚂蚁生活的行为中留下的大量"信息素"，是这个族群的"讯号"。凭借着"讯号"他们寻找食物，但其实"信息素"还可以理解为渠道，在蚂蚁王国中，蚁后利用重置信息素来进行协调管理。人类在互联网科技应用以及多屏的媒介上留下我们大量的"信息素"。当时还没有大数据这么时髦的词。人类比蚂蚁要聪明，蚁后管理蚁群，需要挨个通过触角来传递信息。人类也有触角，只是包含的内容更多，涉及各种政治团体、媒体机构还有大量的公众参与。

《失控》就是贯穿如一地强调"众包"、"协作"这一观点，这在当时是如此的超前。也难怪在 2006 年时，《长尾》作者克里斯·安德森在亚马逊网站上这样评价该书。他说："在那时人们还无法想象博客和维基等大众智慧的突起，但凯利分毫不差地预见到了，这可能是过去十年来最聪明的一本书。"

现在以维基百科为代表的协作方式已经深入每个人心中，这种"众包"的思维甚至延伸至制造业领域，而蚂蚁的族群生活最重要的就是协作生活。有些不协作的蚂蚁也有自身的智慧。本书如果直接应用于今日，还可以再多一个"懒蚂蚁"的概念。生物学家研究发现：在成群的蚂蚁中，大部分蚂蚁很勤劳，争先恐后地寻找、搬运食物，少数蚂蚁却东张西望不干活。当食物来源断绝或蚁窝被破坏时，那些勤快的蚂蚁一筹莫展，"懒蚂蚁"则"挺身而出"，带领众伙伴向它早已侦察到的新的食物源转移。蚁群中的"懒蚂蚁"更重要。

在竞争激烈的移动互联网生存链中，有些企业扮演了"懒蚂蚁"的角色，他们已经做好前期侦查，最终在行业清洗中存活下来。他们不是懒，只是在别人盲目地开拓市场时，就做好了前期的战略控制调查。这里又回归到《失控》这本书，它用大量的篇幅讨论了控制下的无力感和反常规。要想"懒"就要先学会控制，但观察环境的"懒"角色在进化的未来或许会被一些数字生命体逐渐承担起来。

怎样提高人类自身整体进化的能力？从蜂群社会到蚂蚁帝国，作为一个高度集合的群居性存在，其整体性行为从各个部分行为中涌现出来。人类的新技术使得虚拟与现实交织，我们在生活中被移动智能装置包围。社会系统的整体规律在未来将越来越取决于各终端的运行机制。我们作为"个体"的体征逐渐被大范围的智能仪器所吞噬，并最终被分类。在得到便捷的同时，人类要想不被机器化，就只有协调好各个科技发展对于生活影响的均衡性。在"富足的"的科技化社会中，我们没办法控制在某一天这些人工智能们也会产生额外的语言能力，而约在 10 万年前，就是语言能力让人类迅速成为地球上主要的生命形式。

二、变色龙的秘密

它们同属一个系统：蜥蜴/镜子、植物/昆虫、岩石/生命，以及当代的人类/机器系统。有机体即是环境，而环境也即有机体。① 在一个饰以"镜子上的变色龙"的叠套花环的世界里，无论你设计或演变出怎样高妙的策略，如何在持久战中让规则为你所用，才是提高竞争力的策略。② 同时，引入少许的随机因素（如差错、缺陷等），因为这样才能避免某些策略被轻易地"山寨"，才能在进化中保持一定的竞争优势而不会被轻易取代。

面对镜子的变色龙，根据所处的环境产生信息回路，然后调整自身情况。变色龙进入"奇趣屋"（很多镜子的房间）以后，相对放置的镜子不停地将一个物象来回映射，直至消失于无穷回溯中。趴在镜子上的变色龙能产生自身的镜像，能在各种颜色的极值间变化时达成平衡态。镜子上的变色龙的反应，不是点对点的定向反馈，而是呈网状反馈的效果。人类到今天也像变色龙一样，闯进了无数个互联网智能设备林立的奇趣屋。我们对于世界变化的反应，来自对各种平台的复杂反射，然后构成了一个相对混沌的社会，在这样的环境中，科技开发并非被动服务，而发挥了主动复制人类环境的镜像作用。书中引用马克·威瑟的说法："你知道虚拟现实的出发点是将自己置身于电

---

① ［美］凯文·凯利著，东西文库译：《失控》，北京：新星出版社 2011 年版，第 119 页。

② ［美］凯文·凯利著，东西文库译：《失控》，北京：新星出版社 2011 年版，第 129 页。

脑世界。 而我想要做的恰恰相反。 我想要把电脑世界安置在你身周、身外。 将来，你将被电脑的智慧所包围。"①

只是，真的可以乐观地认为这就是"智慧"吗？ 有句话说："大数据不说谎，说谎者需要大数据。"电脑被肆意利用，总是有一个轨迹来反映人类生活不能持续发展下去。 有些人又变回那只被关进镜子房间的变色龙，会因为恐惧而发生色变。人类因科技应用的新鲜感所屏蔽的恐惧，是否不利于我们根据环境多样性而发生自反射呢？

三、蝴蝶的动能

凯文·凯利用《沉睡的蝴蝶》来命名后面的章节，蝴蝶在这里代指著名的"蝴蝶效应"，微小的变化会产生难以置信的大影响。 是什么控制系统进化？ 生物体自身能够控制其进化吗？考夫曼为了验证基因在进化无序下的有序特性的实验是凯文·凯利阐释自己观点的最佳证据。

为了说明看似"蝴蝶效应"般无法解释的无序进化，考夫曼在实验中通过研究网络连接的节点来解释有序性的存在。 在连接稀少的网络中，平均每个节点仅仅连着一个或更少的节点。在连接丰富的网络里，每个节点会连接十个、百个、千个乃至上百万个节点。 理论上，每个节点连接数量的上限是节点总数减一。 这也为了说明，一个只有少数个体可以影响其他个体的系统不具备较强的适应性。 连接太少不能传播、创新，系统也就不会进化。 在 1994 年，人们还不知道"云计算"为何物，今天的人类却享受着"云计算"的服务。 由虚拟化资源组成的云计算在动态升级中保持了系统的稳定。 这是一种在失控秩序下，系统自身进化的有序运行机制。 科技的共享和沟通，并不意味着无限连接。 今天的我们太关注网络用户的增长规模、宽带使用量。 大规模数据连接，以及网络社会中的无障碍连接，能否

① ［美］凯文·凯利著，东西文库译：《失控》，北京：新星出版社2011 年版，第 253 页。

提高我们对于社会发展的适应性，这依然是个问题。 但是如果"生物体或介子的平均连接数小于二时，整个系统的灵活性就不足以跟上变化"，这又是深度进化机制所绕不开的话题。

南美洲热带雨林里的一只蝴蝶扇动翅膀能引起更大范围动力系统的变化。 在我们的新科技领域，今天的宽带标准之争、互联网金融竞争等，尤其是身处移动多屏环境下频繁的企业行为，不可避免地因为连接点裂变式的产生，而引起整个系统的进化升级。 十分微小的变化发生于某一个或是某几个点上，这会对其未来状态产生颠覆性影响。 在人类与科技共同进化的过程中，这种某一小领域的非规律性的变化，可以影响整体的定向化变异。 "蝴蝶效应"的研讨意义在于：混沌和非混沌、逻辑演绎系统和断层之间的选择问题，都是在讨论人类与技术未来进化中的复杂连锁效应。

人类占据地球两个半球的时间约为 15 000 ~ 30 000 年。 从人类生存的过去可以看到技术发展。 在《失控》中可以体会到："从混沌理论中得知，许多确定系统都对初始条件极其敏感——一个小小的不同就会造成它的混乱。 而这种生态系统的稳定性与混沌理论相对立。 从完全的随机性入手，你会看到这些东西聚合成某种更有条理性的东西，远非按常理所能解释的。 这就是反混沌。"①

人类的生存机制与智能科技交织在一起构筑了整个世界，一种潜存的混沌状态正在弥漫。 人类行为的非可控性和盲目性，会导致整个全球生态系统的极限性。 人类的力量在自然生态进化中只是蝴蝶的翅膀，但一双善于利用科技应用的翅膀，在家庭、社区、国家甚至全球都会产生影响，这还只是保守的估计，可以说，人类已经开始影响整个生态圈的运行。

四、结语

从《失控》中可以看到浓厚的进化观念，以及在无序、复杂

---

① ［美］凯文·凯利著，东西文库译：《失控》，北京：新星出版社 2011 年版，第 93 页。

的进化中所能保持的稳定有序性。 在群体进化的过程中，并非所有的事情都能进行事先控制，也并非所有的事情都要事先计划好。 控制是一种权力，但在控制之外的失控状态是社会变化所需的。

这本书告诉我们生物进化的趋势，能够成功进行自我复制、自我管理以及局部学习。 但是它忽略了提醒我们在技术发展去中心化的过程中，分散状态有时候并不利于建立秩序结构。 在生物进化的丰饶环境中，非控制因素包含的人类基本特征和行为局限在哪里？ 这是处于进化体系中的我们不得不考虑的事情。怎样调动生命体的积极因素来参与进化，并让控制与非控制因素处于均衡发展中，这是一个极其重要的问题。

书中运用了大量比喻，却没有给人工智能以及人类自身提供什么精妙的形容。 在石器时代，人类与猛犸象同期进化，但随着人类利用工具和火攻等能力的习得，以及族群内部"协作捕猎"共识的形成，和平相处逐渐演变成残忍捕杀，猛犸象变为人类最主要的捕食对象。 人工智能的产品应用能否避免从与人类自身共同演进，到与人类本身产生了冲突，并最后被毁灭的命运？ 在不可避免的自然淘汰机制中，在控制之外的进化发展下，人类自身该怎样做？ 现在，又回归到《失控》中引用的那句话："我最终发现，想要得到和生命真正类似的行为，不是设法创造出真正复杂的生物，而是给简单的生物提供一个极其丰饶的变异环境。"①

技术将推动生活方式以及我们本身的演化，正如人类会像蚂蚁一样"协作"和收集"信息素"，像变色龙一样随时调整投射在自身的网状反应，像蝴蝶一样成为动力系统的搅局者。 在人类社会的变迁中，在多种因素的刺激和破坏下，我们将越来越惊骇于个体权力和层级规模的不断扩大。 另外，凯文·凯利说他的思想源自亚洲，他相信未来的中国能够涌现富于创新的大公司，希望"预言帝"这次不会出差错，尽管我还是心存怀疑。

---

① ［美］凯文·凯利著，东西文库译：《失控》，北京：新星出版社2011年版，第150页。

从《创新的扩散》看社交媒体

■李　玲①

　　当下，媒体格局正经历着翻天覆地的变化，全新的思维和概念层出不穷，大量革新思维的书籍受到热捧。然而，在畅销书的热潮中，我们有没有回头重温经典，并试着从经典中寻找答案？在时下受到追捧的大数据思潮中，有人叫嚣着一种偏激的声音——理论终结。事实上，对于很多理论而言，也许当时支撑这个理论的例子已经过时，但理论中的规律在今天依然适用。

　　因为要做一个新媒体在中西部扩散的研究，我开始阅读传播学学科内经典的创新扩散书籍——罗杰斯的《创新的扩散》。罗杰斯在 1962 年出版了《创新的扩散》第一版，接下来每隔十年左右再版一次。我阅读的是 2002 年由中央编译出版社出版的第四版的中文版本。这是一本很标准的教科书式的理论著作，通过十一个章节，对创新扩散中创新、传播渠道、时间、社会系统这四个主要因素进行了详尽的阐述。全书建立在大量的实践例证之上，充分体现了美国经验主义的研究风格。实际上，创新扩散理论是现在新媒体研究的一个基础性支撑理论。例如，金兼斌、祝建华的《影响创新扩散速度的社会和技术因素之研究》，金兼斌的《互联网在我国的扩散研究》，郝晓鸣、赵靳秋的《从农村互联网的推广看创新扩散理论的适用性》等，都基于创新扩散理论。

---

① 暨南大学新闻与传播学院 2013 级新闻与传播硕士。

一、创新采纳者的相互作用

《创新的扩散》中有一个概念——交互式创新，是指电子通信系统、传真、电话会议等这类事物的创新。当下，大红大紫的社交媒体正是交互式创新的典型案例。交互式创新对于单个采纳者来说，可能用处不大，除非与采纳者相沟通的其他个体也采纳了该项创新。在微信冲出重围，成为时下最热的社交媒体时，网易和电信联合推出了与微信叫板的易信。单从产品来看，易信并不比微信差。比如，其界面在一开始就得到了用户"小清新"的评价，其语音的保真性也比微信要好，再加上其免费短信、免费电话、免费流量诸多福利，单从产品设计来看甚至超越了微信。但为什么推出这么长时间，它始终没能赶上微信呢？究其原因是与易信用户相关的其他人没有进入这个圈子。一旦易信用户身边的人越来越多地使用易信，那么就将有更多用户集中到这个社交平台上。

腾讯在 2011 年时就推出了微信，但微信真正得到大多数用户认可是在 2012 年的下半年。我在 2011 年微信刚推出时开始使用这个产品，当时只是觉得它有语音功能，便感觉新鲜地玩了一段时间。后来发现身边并没有太多朋友使用它，这个产品没啥存在的意义，便将其删除，不再使用。等到 2012 年下半年时，发现身边的朋友突然都在用微信，自己才再次使用。也就是说，只有当和用户沟通的其他人开始使用某一项交互式创新时，这项产品对于用户的价值才会得到彰显，由此，这项产品也将有更强的用户黏度。

交互式创新的另一个特点是早期采纳者和晚期采纳者之间是相互影响的。在交互式创新中，每增加一个采纳者，不仅给未来潜在的采纳者带来好处，也给已经采纳该创新的成员带来好处。[1] 社交媒体的一个重要属性就是分享，之所以晚期采用者会

---

① ［美］埃弗雷特·M. 罗杰斯著，辛欣译：《创新的扩散》，北京：中央编译出版社 2002 年版，第 299 页。

对早期采用者产生影响，在社交媒体的分享功能上表现得很明显。 之所以大家现在热衷于使用微信，有一个重要原因便是在微信朋友圈可以分享自己的生活。 每增加一个微信好友，意味着与自己分享的对象又多了一个，这也增加了微信使用者的乐趣。 而在非交互式操作界面，仅仅是早期采纳者对于后期采纳者有影响。

二、临界大多数

微信是在 2011 年推出的，而 2012 年下半年其才开始拥有大量用户，并且成为使用最为广泛的社交平台之一。 微信的这个现象不是特例，微博也是如此，并不是在一推出时就开始流行，而是在推出一段时间后，在某一个时间点开始其用户呈现井喷式的增长，然后便开始稳定并流行。 在交互式创新中，这个开始出现井喷式急速增长的点被称为"临界大多数"。 在交互式创新的扩散曲线中，"临界大多数"一旦达到，该创新扩散过程的采纳率就变得稳定，并具有自我维持的能力。[①] 微信已经达到"临界大多数"并形成稳定的系统，这也就是目前易信很难赶上微信的原因之一。

那么，如何才能让一项交互式创新尽快达到"临界大多数"呢？ 罗杰斯在书中提出了四项策略：

（1）对于交互式创新，其初期阶段的采纳要以某一组织内的高层官员为主要目标。[②]

就这一点而言，这个策略有其时代和政治局限性。 一方面，在如今的新媒体格局下，我认为主要目标不一定是高层官员，找到意见领袖（有时是当红"草根"），将其作为突破点更为科学；另外，寻找高官作为初期推广对象并不符合我国当前国情。 例如，微博在推广之初很热衷于从社会上寻找有一定影响

---

① ［美］埃弗雷特·M.罗杰斯著，辛欣译：《创新的扩散》，北京：中央编译出版社 2002 年版，第 304 页。

② ［美］埃弗雷特·M.罗杰斯著，辛欣译：《创新的扩散》，北京：中央编译出版社 2002 年版，第 313 页。

力的人，为这部分人开设微博，这些人很多都在后来成为"大V"，他们必须是很能影响其关注对象的，才能使微博尽快达到"临界大多数"。 我认为这些在一开始被选为着重推广对象的人，实际上无意中就成为该产品的创新代理人。 虽然他并不需要像其他的非交互式创新的创新代理人那样，需要和晚期采用者进行交流，告诉他们采用该项创新的好处，但交互式创新中的代理人通过其自身的产品使用，便能让关注他的人知晓通过这一产品能联系到这个人，从而促使还未采用者使用这项创新。 在微信推广中，微信团队是否也曾经更为积极地向社交更广泛、影响力更大的人群推荐微信，才使其在 2012 年下半年达到"临界大多数"的呢？ 而目前正在努力推广的易信是否采用了这种方式，它又将如何达到"临界大多数"？ 这些问题值得探讨。

（2）影响个体对于创新的感觉和评价。[①]

在微信"天天爱消除"这款游戏中，好友可以互送"心"，这其实就是在影响个体对于创新的感觉。 如果朋友们经常送"心"给自己，自己可能就会更积极地加入这个游戏，因为群体的行为很容易对个体产生压力，从而使个体迫于压力进行模仿。另外，为什么"打飞机"这样普通的游戏能让微信用户玩到指腹发炎呢？ 其实这类游戏在其他游戏平台上有很多，但没有一个能产生微信这样的效果。 用户并不是因为这个游戏很好玩才去玩的，更主要是想在游戏积分榜上超越朋友。 这样的产品设置无疑是在告诉用户，大家都在玩，你还等什么呢？ 暗示系统中的个体，采纳这项创新是大势所趋，也是加快创新达到"临界大多数"的一种有效方式。

（3）将创新介绍给系统内那些很可能迅速采纳，但还不知晓该项创新的个人和团体。[②]

首先，哪些属于很可能迅速采纳，但还不知晓该项创新的人群呢？ 《创新的扩散》一书中选用了美国在推广公共电子网络

---

① ［美］埃弗雷特·M. 罗杰斯著，辛欣译：《创新的扩散》，北京：中央编译出版社 2002 年版，第 313 页。

② ［美］埃弗雷特·M. 罗杰斯著，辛欣译：《创新的扩散》，北京：中央编译出版社 2002 年版，第 313 页。

时，选择加利福尼亚州的圣莫尼卡作为推广地点的例子。 原因是该城是一个中上流人士云集的城区，相对于其他地方而言，这个地方的人更容易采用公共电子网络。 那社交媒体又该如何运用这一点来推广产品呢？ 比如，针对那些正在抱怨移动电话资费太贵的人群，为什么易信不以他们为重点，推荐其免费短信、免费电话的功能呢？

（4）为交互式创新的早期采纳人员提供激励机制，这种激励至少延续到"临界大多数"点。①

试想如果微信关闭了朋友圈里的"赞"和"评论"功能，你还会在朋友圈发照片和文字吗？ 为什么微博上活跃的永远是"大 V"们？ 在社交网络中，互动（转发/评论）就是一种即时的、积极的正向激励。 人们发出消息，收获愉悦、存在感以及好友们的肯定。 社交媒体采用了这种源源不断的激励机制来鼓励用户持续使用。 这种激励机制一旦丧失或不起作用，将会影响交互式创新的扩散。

快餐式的畅销书总能让人眼前一亮，但历经时间考验的经典著作会揭示现象的本质。 罗杰斯的《创新的扩散》一书虽然已经绝版，但创新扩散理论不会就此封存。 随着时代的发展，反而会出现需要它重新诠释的传播现象。

---

① ［美］埃弗雷特·M. 罗杰斯著，辛欣译：《创新的扩散》，北京：中央编译出版社 2002 年版，第 313 页。

"阅读的未来"背后的秘密

■林籽舟①

阅读一直被视作唏嘘平常之事，无关阳春白雪，亦无干下里巴人。附庸风雅之人大可端坐在星巴克，行文人小资之事，手捧名著经典，品茗浓郁咖啡；庸人白丁之流，亦可手拿一本故事会，边啃着馒头边看得乐呵呵。阅读从来不是划分层次高低的标准，它是一种人人可享，并以之来丰富知识、充实生活的途径。此时的阅读，更多的是私人空间的获取、个性选择的展现。但曾几何时，这种普通境地随着互联网科技的发展和新媒体技术的壮大被逐渐打破。电子书在当下大行其道，数字化的阅读形式让阅读的主体产生了分化，而当人们在享受数字化知识盛宴的同时，一个阴谋或许正在靠近。

罗伯特·达恩顿曾是普林斯顿大学的历史学教授，后来成为哈佛大学图书馆馆长，是图书史和历史学界重要且著名的人物。《阅读的未来》谈的是一个关于书的命运的问题，是一部从图书历史来展望图书未来的作品。书中最重要也最能引起我思考的是关于"谷歌图书搜索计划"的论述，作者称之为"一场垄断的噩梦"，由此引发我思考这样几个问题：从纸质书的命运到阅读的命运，最后到阅读主体的命运是怎样的？

一、阅读主体层次分化

图书馆是知识向往者的朝圣之地，而书中提到"研究性图书

---

① 暨南大学新闻与传播学院 2013 级广播电视学硕士。

馆的负责人有着明确的共同目标：希望开放图书馆的收藏，让任何地方的读者都可以看到馆里的书。"①于是，伴随着新技术革命的高歌猛进，特别是互联网技术的狂飙突进，图书馆的这座知识城堡被改造成数字化的知识蜂窝，达恩顿这位当代图书馆掌门人，面对新媒体技术的层层包围，敏锐地意识到传统图书馆与纸质书的机遇与挑战就是馆藏开放与载体取代。

达恩顿在此书中计算：从文字出现到手抄本，经历了 4 300 年；从手抄本到活字印刷术，1 150 年；从活字印刷术到互联网，524 年；从互联网到搜索引擎，17 年；从搜索引擎到谷歌的相关性排名算法，7 年②。这一串递减的数字，这一组越来越小的时间间隔，不免让我们感到恐慌，或许仅仅十年之后，我们的阅读就可能发生翻天覆地的变化。纸质书是否会被取代，传统图书馆是否依然存在？种种疑问都有无限可能，唯有时间能予以解答。

2007 年 11 月，亚马逊公司的 Kindle 电子书阅读器横空出世；2010 年 1 月，苹果公司推出了 iPad 平板电脑；2010 年，盛大文学召开电子书战略发布会，宣布将打造"云中图书馆"，推出一人一书（OPOB）计划；2010 年 5 月 5 日，中国移动高调宣布进入电子书市场；2010 年 5 月 18 日，汉王电纸书推出了平板电脑"TouchPad"；2011 年，百度文库版权纠纷不断升级；2011 年 2 月 13 日，在世界电子书大会上，DBW 论坛的发起人麦克·沙特金预言，"从现在起 10 年内，书店会消失殆尽"，结果 4 天后，美国第二大连锁书店运营商 Borders 就申请破产……与此同时，中国本土的各种电子书阅读器和平板电脑也层出不穷，与传统书本相差无几的屏幕尺寸、久读也不会眼睛疲劳的 e-ink 电子墨水技术、无线网络支持下便利的购书方式，这一切都使得人们不由地惊呼：电子书时代已经到来。

麦克·沙特金当年的寓言或许现在正在逐渐成真，但如果某

① ［美］罗伯特·达恩顿著，熊祥译：《阅读的未来》，北京：中信出版社 2011 年版，第 3 页。
② ［美］罗伯特·达恩顿著，熊祥译：《阅读的未来》，北京：中信出版社 2011 年版，第 23 页。

一天纸质书、书店、图书馆真的消失，当读者唯有依赖电子书时，电子书还会像现在一样完全免费或以低价卖给读者吗？ 答案是否定的。 而这一问题的存在，恰恰就是阅读主体层次分化的根源：首先，无论是达恩顿早先主张的"古腾堡计划"，还是现今谷歌提出的图书搜索计划，都不约而同地将需要图书电子化的目标锁定在精英群体阅读的文字上，包括博士论文以及几大图书馆的馆藏；其次，读者阅读电子书依托电子产品，包括阅读器、平板电脑等，以及后期在互联网订阅或购买的电子书，这一系列的产品的获取都需要读者具备一定的经济基础。 总之，精英群体的目标定位和高品质阅读方式的获取，会直接导致阅读主体的层次分化，精英更趋向精英，平凡则更加平凡，不公平的资源供给加之不可预测的纸质书刊和公共图书馆的消亡，是否会形成一道新媒体环境下的"知识鸿沟"或"信息鸿沟"呢？

二、阅读数字化商业陷阱

"谷歌图书搜索计划"就是建立一个世界上最大型的图书数据库，把海量的图书制作成精美的电子书，而谷歌扫描的图书主要来源于包括哈佛大学图书馆在内的各个大型图书馆。 这一计划的益处是显而易见的：借助于互联网，地球上任何一个角落的读者都可以阅读到数百万本公版图书。 而谷歌公司凭借其一流的搜索引擎技术，还能让读者在茫茫书海中搜索某一句话的具体出处，一旦谷歌哪天将人类书籍宝库全部扫描并放入这个线上图书馆，那将是人类历史上激动人心的一刻。 可达恩顿看得更远，他在支持谷歌公司之余，也表示了自己的一些隐忧，越了解谷歌，他就越发感觉他们的计划似乎意在垄断，是为了征服市场，而不是与图书馆结成天然的同盟，因为图书馆的唯一目的是保存和传播知识。

书中提到纽约公共图书馆董事会办公室的墙上用金字雕刻着托马斯·杰斐逊的一段话："我关注光明的传播和教育的普及，愿其成为最值得依赖的资源，改善物质条件以净化人类心灵，并为人类创造幸福。"①图书馆的存在是为了促进公共利益，"鼓励求知行为"，使"人人享有"知识。而企业的目标是为股东赚钱，企业将眼光投向图书馆时，不只是将其视为供人们学习的庙堂，他们还将其看成等待挖掘的潜在财富。谷歌图书馆与其他类型图书馆的区别不仅在于数字化本身，还在于谷歌首先是一个商业公司，其首要目标是赚钱。"如果允许图书馆馆藏商业化，我们就无法避开一个基本矛盾：将藏书数字化并出售其电子文本，却不能保证它良好的开放性，就是重复出版商们从前剥削学术的一个错误。"②

如何理解这个"错误"呢？其问题就在于，如果世界各地的图书馆确实都和谷歌达成协议，并交出馆藏，也就是把原来一些地方、国家甚至是全世界的公众利益都交到谷歌手上，它可以随心所欲地使用信息，作为掌管电子数据库入口的人，像收取过路费一样让阅读者付钱进入信息公路。其结果将是，谷歌成为信息公路上的霸王。虽然目前谷歌说不为谋利，但是谁能确保将来某一天股权变更之后，新股东有什么新想法？这何尝不是一个在阅读数字化境况下出现的会损害公众利益的商业陷阱呢？

不管阅读如何发展，都无法摆脱"技术决定论"的基调，从甲骨青铜到竹简木牍，如同纸质书最终取代上述文字载体，或许有一天，电子书将会取代纸质书。但技术从来都不是中立的，技术一旦被利益驱使，就会释放出巨大的吞噬力量。谷歌是这方面的先行者，他们嗅到图书数字化背后的巨大商机，悄悄地把手伸向知识这一公共领域。

上述两个问题或许是图书电子化过程中应当引起重视，并且亟待解决的问题，只要得到很好的解决，就不会阻碍数字化的进程。但是电子书能否取代纸质书，成为新媒体时代的宠儿，现在作定论还为时尚早。因为单单就耐久性而言，纸质书还是具备一定优势的。达恩顿在《阅读的未来》中就认为，除了羊皮

---

① ［美］罗伯特·达恩顿著，熊祥译：《阅读的未来》，北京：中信出版社 2011 年版，第 7 页。
② ［美］罗伯特·达恩顿著，熊祥译：《阅读的未来》，北京：中信出版社 2011 年版，第 12 页。

纸和石刻，没有任何媒介能比用于写字的纸（尤其是十九世纪以前制造的纸）更好地保存文本。 迄今为止，最好的存储系统是前现代社会的旧书。①

我们并不知道目前所依赖的各种存储介质能保存多少年，包括电子书。 相反，纸质书已经被证明它可以轻易地被保存数百年之久。 至少对于我来说，手捧一本书，嗅闻书墨香，看着泛黄的书页，体味岁月变迁之道，找寻特定的记忆，这才算得上是真正的读书之趣。 而从现实出发，随着经济及技术的发展，许多曾经辉煌的大企业湮没在历史的尘埃之中。 同样，谷歌这么一家大企业，谁能保证它永远长存？ 但可以肯定的是，哈佛大学图书馆定比谷歌存活得更长远，正如它已经比过去三四百年间许多美国的龙头大企业寿命长一样。

阅读是永续的，文化是永恒的，虽然阅读载体在不断变化，人类对知识的渴求却始终不变。 无论是哪种文字、信息载体，都是为了更方便、更快捷地给人类提供知识的饕餮盛宴，如果很好地解决了"新媒体信息鸿沟"和"数字化商业陷阱"等问题，尽情地享受电子阅读，我们何乐而不为呢？

---

① ［美］罗伯特·达恩顿著，熊祥译：《阅读的未来》，北京：中信出版社 2011 年版，第 110 页。

"橡皮擦"法令不能带来"遗忘"的狂欢

■文琼瑶①

　　为了应对席卷而来的大数据数字化浪潮，保护未成年人不致迷失于这片"亦正亦邪"的大数据海洋，"橡皮擦"法令应运而生。美国加利福尼亚州州长杰瑞·布朗于 2013 年 9 月 23 日签署这一法令，要求 Facebook、Twitter、Google 等社交媒体巨头允许未成年人擦掉自己的上网痕迹。只是，舍恩伯格提出删除痕迹，引入遗忘，就能保护在互联网上毫无防备地泄露信息的未成年人吗？

　　舍恩伯格被誉为"大数据商业应用第一人"，早在 2010 年就在《经济学人》上发布了长达 14 页对大数据应用的前瞻性研究。可以说，他是最早洞见大数据时代发展趋势的数据科学家之一，也是最受人尊敬的权威发言人之一。他曾先后任职于世界著名的几大互联网研究机构，如哈佛大学肯尼迪学院、哈佛国家电子商务研究中心，现于牛津大学网络学院互联网中心任职。在 *Big Data* 出版后，大数据概念引入中国并掀起"惊涛骇浪"。随后，他又出版《删除》来平息这场大浪，只是"遗忘已经变得昂贵而又困难，记忆便宜又容易"，一项"橡皮擦"令就可以抹平吗？

　　记忆容易，我们笼罩于"寒蝉效应"中无处可避。《删除》的译者袁杰很聪明，用"寒蝉效应"一词来给原版的 Chilling Effect 作注解。Chilling Effect 源自美国最高法院法官小威廉·布

---

① 暨南大学新闻与传播学院 2013 级新闻与传播硕士。

伦南在 1950 年作的一次司法判决，随后将之作为法律术语沿用下来。 在我国，"寒蝉效应"亦历史悠久，早期的《后汉书·杜密传》云："刘胜位为大夫，见礼上宾，而知善不荐，闻恶无言，隐情惜己，自同寒蝉，此罪人也。"跳回现代，舍恩伯格在 *Big Data* 中引入大数据概念，并以严谨的学术之风告诉我们，大数据时代即将或已经把我们的生活、工作甚至思维搅得天翻地覆。 虽是天翻地覆，但大数据很"乖巧"地将我们的点点滴滴如珍宝般记录下来，其结果是我们想删除都无从下手。 于是，我们还来不及享受大数据带来的新体验，就陷入了"寒蝉效应"的白色恐怖阵仗中。

2013 年 9 月，"两高"出台规定，同一诽谤信息实际被点击、浏览次数达到 5 000 次以上，或者被转发次数达到 500 次以上，信息发布者将以"诽谤罪"定刑。 此令一出，微博上一片冷清。 拜大数据自动记录及持久保留的功能，每次言论都被清晰刻痕，网民想发声都得掂量下言论累积的后果。 于是，余姚水灾，当地政府的无力，却没有引来强烈代言的"民间舆论场"——微博的关注。 此时，微博上一片"寒蝉效应"，苦了当地百姓，无人来救。 由此不禁产生疑惑：舍基在 *Here Comes Everybody* 中赞美互联网技术进步让我们的未来变成"湿"的，进而互联网成为"加湿器"，但我们却陷入了技术"加湿器"这一大怪圈。

我们逃不出大数据的手掌心，从而进入了"圆形监狱"。1719 年，英国哲学家、经济学家边沁提出了新的一种监狱设计理念，他称之为全景敞式监狱（Panopticon）。 全景敞式监狱是一种圆形结构的监狱，囚室分布在圆周上，看守处于监狱中间的一个高耸尖塔中。 而大数据时代的"入侵"，正让我们进入了全景敞视"监狱"：我们散落并分布在周围，大数据盘踞制高点"俯视"之。 此外，完整的数字化记忆像是一种更为严酷的数字圆形监狱，给还来不及沾沾自喜的我们瞬间浇了盆冷水。 这种巨大的反差，正如边沁的功利主义说。 功利主义是指"一种行为如有助于增进幸福，则为正确的；若导致产生和幸福相反的东西，则为错误的。 幸福不仅涉及行为的当事人，也涉及受该行为影响的每一个人"。 我们在"监狱"之中被大数据"关怀",而且匍匐许久,无法逃脱。

当下,全景敞式"监狱"被更为抽象地用在我们的社会中作为施展信息权力的工具。例如,大型公司或政府紧握施展权力,将员工或公众置于隐形的"圆形监狱"之下,360度全方位无死角地进行监控,我们在网络上的一言一行成了日后隐形的"呈堂供词"。我们渴望到达小说家大卫·布林提出的信息"互惠透明性"的天堂,但最终发现信息公开与公平原来只是我们的一厢情愿。我们无法克服信息权力中的不平衡,从而无法获得真正的信息对称。完整的数字化痕迹、无法删除的信息记录,加上公司或政府利用信息权力差异,获得信息优势,让信息权力从无权者流向有权者,由此,我们注定是处在"圆形监狱"的底层,看着外面的一片湛蓝,深感迷茫。

说到"信息隐私",我们仍然岌岌可危。20世纪60年代,当第一代数字存储器风靡美国的时候,亚瑟·米勒等学者坚决反对,认为是"对隐私的侵犯",并于1971年出版著名作品《隐私的侵犯》,提出"信息隐私"一词来捍卫我们的个人权利。然而,面对数字化的侵犯我们无力阻挡。伴随着数字化记忆的可访问性、持久性和全面性三个特征,隐私变得异常脆弱,这也是催生"橡皮擦"法令诞生的动力。在国外,Facebook上拥有1亿毫无戒心的用户,他们可能都存在私人信息被曝光的风险。而在中国,马化腾手中的QQ坐拥数亿网民,私人化的照片和内心的独白都在空间里毫无防备地展现;还有中国庞大的物流大军,使毫无保护壳的个人住址、电话等信息流动,这些都是潜在的危险。在模拟时代,我们"从事"人际交流传播,遗忘是一件常事,而在数字时代,从人际传播进化到组织传播、群体传播的结合,遗忘变得"难忘"。数字化使复制和共享变得更容易、更快捷,因此也更难以控制。我们的隐私岌岌可危,却无处可删。

要做"数字隐士",我们遥不可及。哲学家罗伯特·诺奇克说过,留下痕迹是一种美好,因为这意味着"一个生命拥有某种意义",但数字化时代的痕迹让人后怕。因为在浏览网页时,作为用户的我们通常并不知道自己的数字活动正在被记录并提交到数字存储器中。要是我们清楚地知道自己的活动被持续而广泛地记录，不想被记忆牵着鼻子走，不想成为信息的奴隶，唯一补救的办法是把自己变成"数字隐士"，戒掉在线聊天，同时还要戒掉许多离线的交流。 然而，通信理论家保罗·瓦兹拉维克提出的"一个人无法不交流"的观点，让我们的"数字隐士"梦破碎不堪。 但我们还是会期待，依靠"橡皮擦"法令，能在数字化的时代"删除"我们浏览各种网页痕迹或个人信息，不让商家知道我们的兴趣爱好，亦不让他人有机可乘，或许我们就可以做到不书写无法被遗忘的"数字人生"。 只是，大数据的根深蒂固，能让我们心想事成吗？

舍恩伯格开始想对策，他引入给信息设置有效限期的想法，提出"遗忘是美德"的口号，并从各种结构、法律、技术上，以及如何协同作用下手，步步为营。 只是，他忽略了大数据时代的无孔不入。 存储设期限，只是一场温和的"改良运动"，并未触及其核心。

9 个月匿名化，只是美好传说。 为了不再重蹈实习教师史黛西·斯奈德因上传"喝醉的海盗"而被撤销教师资格证的悲剧，政府开始使力，就如颁布"橡皮擦"法令一样，要求 Google 等巨头采取行动。 以前，通过智能地整合登录数据、cookies 数据与 IP 地址，Google 能够以极高的准确率将时间跨度很远的多次搜索请求与某个人关联起来。 为了将这个关联"遗忘"，Google 承诺，保存 9 个月之后将记录匿名化。 然而，9 个月后的匿名化，只是模糊了搜索请求中关于用户的标识符，并非清除实际的搜索请求本身，也不是清除存储它时的背景信息。 所以，舍恩伯格提出给"元信息"设定寿命，引入遗忘的概念，试图引导一场"互联网遗忘运动"，但这只是美好的愿景。

最后，不得不说，英国人严谨的写作思维值得学习。 舍恩伯格注重内容组织的条理性，论证的力度性、词汇语法的准确性和地道性，让我们平凡的肉眼亦能看清大数据下的繁荣与隐忧。只是，舍恩伯格提出的"互联网遗忘"运动、加州颁布的"橡皮擦"法令，都是美好的愿景，无法在这个被大数据侵蚀殆尽的时代运行。 或许，我们不需要强硬的措施和"温良的改革"，顺从大趋势也未尝不可。

报纸已死，新闻重生

——读《宏观维基经济学——重启商业和世界》

■郑小华①

6 年战胜了 100 年

2011 年 6 月 10 日，据互联网流量统计机构 comScore 的数据显示，5 月份，《赫芬顿邮报》网站的月独立访问用户数量为 3 560 万，而《纽约时报》网站当月独立访问用户数量为 3 360 万。这是《赫芬顿邮报》网站流量首次超过《纽约时报》网站。然而，2011 年仅仅是《赫芬顿邮报》成立的第六个年头，而《纽约时报》却已经走过了一个世纪。

《赫芬顿邮报》（The Huffington Post）是当今美国最具影响力的新闻博客网站。网站兼具博客自主性与媒体公共性，因为"协作式"的新闻发掘方式和以 Web2.0 为基础的社会化新闻交流模式而独树一帜。以下笔者就从协作式媒体和社会化新闻两个方向来论述《赫芬顿邮报》的创新之处。

协作式媒体，提供平台和服务

协作式生产最知名的例子就是维基百科。维基百科的编写者来自世界各地，基于维基技术的多语言协作计划，任何人都可以编辑维基百科中的文章及条目。后来，这种协作、开放、分

---

① 暨南大学新闻与传播学院 2013 级广播电视学硕士。

享和相互依赖的宏观维基经济原则，被应用于网络新闻媒体。《赫芬顿邮报》只有 150 名的带薪工作人员（其中，有很大比例还是技术人员），但依赖超过 3 000 名高质量的投稿者为每一个可以想到的话题提供内容。它另外有 12 000 名"公民记者"，这是它的"眼睛和耳朵"。它的读者也生产了《赫芬顿邮报》的许多内容，每个月有多达 200 万条投稿。赫芬顿指出，读者的参与和洞察对《赫芬顿邮报》的价值至关重要。20 世纪以前，人们与媒体的关系原来只有消费，现在是消费、创造和分享。图片和视频等富媒体的生产成本因为智能设备的普及而降低，深化了新闻报道开源化的机制。新闻生产从新闻传递的消极工作，转变为一个在生产者和消费者之间共享的事业。

中国电视业的制播分离，实际上就是协作式媒体的一种尝试。现如今，诸如《中国好声音》、《我是歌手》、《爸爸去哪儿》等一系列叫好又叫座的节目，都已充分证明了制播分离带来的巨大效益。电视行业的制播分离、协作生产能否应用到传统报业中呢？我们来看一个国外的案例：2004 年，美国的一家为公众利益而进行调查性报道的新闻工作室 ProPublica 与《纽约时报》合作完成了一篇报道，报道讲述了"在卡特里娜飓风的洪水隔绝的医院里，精疲力尽的医生在生死攸关的时刻作出的一个紧急决定"。这篇报道获得了普利策新闻奖，而独家刊载这篇报道的《纽约时报》，也获得了巨大的收益。在数字时代，调查性新闻不需要变成一种牺牲品。实际上，它应该成为众多像 ProPublica 这样的内容供应商实现赢利的宝藏。除此之外，《卫报》也在追寻这种新的商业模式。《卫报》没有像默多克的《华尔街日报》一样，把他们的内容锁在付费墙之后，而是公开了众多的数据集、文章、视频和图像，其中，包括自 1999 年以来超过 100 万则的新闻故事，并邀请全世界对它的内容进行重新混合。《卫报》的数字化内容主管艾米丽·贝尔（Emily Bell）认为，分享内容能够开启新的服务和增加收入来源，通过网络，重新利用《卫报》内容的人越多，关注它的品牌并最终关注它的广告的人也就越多。正像其他一些流行的平台一样，例如，苹果的 App Store 为足够聪明的 App 产品经理创造赚钱的机会，但最终得益最多的，是提供免费平台的苹果。

对于转型中的报业而言，现在要做的，就是让自己成为一个开放的平台，拥抱协作式创新，让更多的人帮助自己创造新的价值。 设想在未来新的系统中，几千甚至可能几百万的供稿者在不同的层面上参与进来：上传图片、视频和目击报道的公民记者，只以广告收入来获取收益的专栏博客主，关注诸如调查性新闻这样有更高价值活动的专业记者，重新利用或者重新混合所有的内容变成新作品。 像《赫芬顿邮报》、《卫报》这样的组织，正在将这个梦想变成现实，并且肯定会有更多的组织追随。

让新闻走进社交媒体

从 2009 年 8 月开始，《赫芬顿邮报》与著名社交网站 Facebook 合作推出一个社会化新闻新版块"HuffPost Social News"，用户可以在该区域看到自己的 Facebook 好友正在阅读的内容，也可以将感兴趣的内容直接发到自己的 Facebook 账号并推荐给好友，由此形成一种用户自主筛选信息的模式：将海量的新闻过滤成用户及其好友关注的部分，由用户决定需要了解的内容，并形成一定范围的社群传播。 通过社会化新闻的服务项目，《赫芬顿邮报》网站的访问量上升了 48%，达 350 万次，网站个体用户达到 947 万。

传统的思维方式，是将自己的网站做得足够有吸引力，以此来获得点击量。 然而，现在的人们，尤其是年轻人，更愿意通过一个植入某个人 Twitter 信息流中的超链接来发现新闻，而不是在线浏览一份传统的报纸，这是大多数的新闻在未来被消费的方式。 因此，为了提升自家新闻被点击的概率，新闻网站要做的便是将自己的新闻链接植入社交媒体。 例如，在诸多网站的显眼位置，都设置了"转发到新浪微博（或朋友圈或人人网）"，这就是植入社交圈的重要途径。 由用户决定需要了解的内容，并形成一定范围的社群传播，这意味着用户有了自己过滤和定制信息的能力。 以前的逻辑思维是要求新闻网站通过跟踪用户的访问习惯，来为用户做信息定制。 而《赫芬顿邮报》却反其道而行之，它让用户自己做定制。 物以类聚，人以群分，朋友圈里只要有一两个信息畅通的人，就能完成这一类人的信息定制。 除了将新闻链接植入社交网络，《赫芬顿邮报》还有一个提高访问量的办法，那就是做搜索引擎营销，即 SEO（搜索引擎优化），这是一个技术活。 为此，《赫芬顿邮报》的编辑分为两类，一类是文字编辑，一类是流量编辑。 流量编辑每天要做的活儿就是搜索谷歌的热门关键词，然后根据关键词改写新闻标题，这样不管用户搜索什么，你的排名永远在谷歌词条中的前三位。 新媒体经济首先是技术经济，其次才是意义经济。 新闻内容要先被看到，才有意义。 新媒体经济是以链接为基础的经济：链接＝点击量＝流量＝广告＝利润。 因此，无论是将新闻链接最大化地植入社交媒体，还是做搜索引擎优化，目的都是提高链接的点击量，最终赢利。

2011 年 2 月 7 日，美国在线（AOL）宣布斥资 3.15 亿美元收购《赫芬顿邮报》，越来越多的人也开始指责它又走上了传统媒体的老路。 《赫芬顿邮报》的赢利模式能否拯救日益衰落的新闻业，我们不得而知，但 6 年中的辉煌，还是给纷纷试水新媒体的传统报业提供了方向：协作式的生产方式和社会化的新闻。

湿的未来

——《人人时代：无组织的组织力量》读书心得

■叶　丹　陈松珂①

　　"21 世纪最有价值的未来学读本"、"获选《商业周刊》最佳商业书籍"、"《长尾理论》作者重磅推荐"，这是《人人时代：无组织的组织力量》一书所获得的荣耀，它应归功于其作者克莱·舍基对互联网现实与未来的敏锐观察和透彻洞悉。抛去这些被贴上的标签，本文将探讨"什么是'湿'"、"'湿'带来的变化"以及"对'湿'的反思"三个方面的问题。

一、什么是"湿"

　　《人人时代：无组织的组织力量》一书初版名为《未来是湿的》，这是很抽象化的。要想知道为什么用"湿"来形容未来，就不得不提到"湿件（wetware）"这个词。《互联网周刊》主编姜奇平在"初版推荐序"中写道："湿件（wetware）这个词，由鲁迪·卢克（Rudy Rucker）1988 年在《湿件》中首次提出，后来成为新经济增长理论的一个术语。"

　　在 IT 业，硬件、软件、湿件是三种递进的"件"。硬件，是"计算机硬件"的简称，是计算机系统中所有机器、设备的统称；软件，是编码化的、能够独立于人脑之外的知识，常储存于磁盘、录像带等；湿件，是储存于人脑之中的、无法与人相分离

---

①　暨南大学新闻与传播学院 2013 级新闻学硕士。

的知识，我们常说的能力、才干、信念等便属于此类。

克莱·舍基是个很会引用例子的作者，他提到了前苏联故事片《办公室的故事》中的一段对白：女上司严厉地质问男主角："你说我干巴巴的？"男主角吓得摇手说："不，正相反，你湿乎乎的。"

女上司给人以"干巴巴"的感觉，想来是由于她在工作、为人处世中的强硬与机械化，往大了说，这也正是工业化时代人与人之间关系的缩影——强调组织、强调制度、强调原则。而男主角所言的"湿乎乎"，则正好与"干巴巴"相对，更具有人情味，是一种"无组织的组织"中的人际关系，用孔子的思想来说，便是"仁"。

未来世界，基于互联网、移动互联网的高速发展与日益普及，得益于 SNS、微博、微信等社会化工具的广泛运用，人与人间的关系将逐渐摆脱强硬、机械化、程式化，而更倾向于凭借情感、缘分、兴趣相连接。唯有这样，人才能重新还原成"人"，而不是系统、机器上的一个"干巴巴"的零件。

凭借社会化工具，一个个具体的、感性的、多元的人连接在一起，形成一种"无组织的组织"，迎来一个人人时代。

由此，这个"湿"，便是未来的"湿"。

二、"湿"带来的变化

互联网的出现、移动互联网的发展无疑给世界带来了史无前例的变化，这种变化甚至是本质上的。这一点，凯文·凯利在《失控》中有很清晰的描述：原子是 20 世纪科学的图标，而下个世纪的科学象征是充满活力的网络。原子世界是有中心、有轨道的世界，所有的信息联结都以线性思路运行，只要一处受阻，整条信息线路都会运行不畅。而网络是群体的象征，由此产生的群组织——分布式系统将自我散布在整个网络中，无数个体思维聚在一起，就像无数个节点，相互独立的同时，相互关联，信息运行有更多的可供路径选择，且可以同时在多个节点间扩散，因此社会信息的运行无疑更高效。

除此之外，互联网中群体得以崛起还有一个重要原因——互联网使社会信息的运行成本大幅度降低。这种成本的降低使人们更愿意与他人联系，这也是社会之所以"湿"起来的关键所在。在《人人时代：无组织的组织力量》一书中，"湿"带来的变化并不抽象，舍基运用鲜活的事例为我们作出了说明。

（1）"人人皆记"。人类从来不缺乏传播信息的欲望与需求，但在过去，对这种需求的追逐常常受到来自成本的制约。长久以来，在我们的信息获取渠道中，专业媒体机构及其工作人员占据着难以撼动的位置，我们通过报纸、广播、电视等关注周围的生态。然而在"湿"的未来，由于通信手段、设备的多样化、低门槛，平台的低成本，越来越多的人凭借手中的可拍照手机、社交平台加入到信息传递的过程中，新闻由此从一种机构特权转为一个信息传播的生态系统的一部分，各种正式的组织、非正式的集体和众多个体都处在这个系统中，这也就是所谓的大规模的业余化。

成本的降低使人们更愿意与人沟通，而互联网的全球性又使全世界的连结成为可能。这对于天生就有交流与合作欲望的人类的意义不言而喻。以往囿于地理因素只在一定区域内形成群体的人们现在通过网络找到彼此，并形成一个更大的超越地理限制的群体，他们之间或许从未见过，但通过网络，他们分享不同的感情、价值观和信念，越来越多的新闻线索、新闻资源来源于社会化平台，越来越多的文字、图片来自于网络，新闻不仅可以不通过专业媒体进入公众视野，反过来，专业媒体还需要紧跟网络上的舆情变化，避免"落伍"。

（2）从"科斯天花板"到"科斯地下室"。科斯定律，是诺贝尔经济学奖得主罗纳德·哈里·科斯在他的两篇论文《企业的本质》和《社会成本问题》中论及的，是产权经济学研究的基础。科斯定律指出，交易成本的存在使得企业组织成为比市场更适合的组织形式。这里的"交易成本"是指协商签订契约以及契约签好后付诸实施所需要的成本。然而，企业所从事的每项交易——每一份合同、每一份协议都要求某种有限资源的投入，由于这些交易成本的存在，一些价值的获得可能由于代价过于昂贵而无法实现。 这便出现了"机构困境"，即企业的存在是为了利用群体的努力，但它们的某些资源又为了引导这些努力而慢慢流失。 企业越庞大，其产生的交易成本越大。 随着一个企业的不断成长，会最终触碰到"科斯天花板"，而一旦突破这一天花板，企业这种组织形式将不再管用。

进入人人时代后，科斯定律需要进行新的解读，即从"科斯天花板"到"科斯地下室"。 克莱·舍基在书中提到了人人编写维基百科的例子，提到了编程爱好者开发 Linux 操作系统的故事，这些人人聚合而成的松散组织，没有营利性的目的，没有管理层的指挥，却完成了复杂的工作。 这源于几近免费的平台和降低的门槛，使得交易成本不是缓和下降，而是突然瓦解。 人们凭借着对某一问题的兴趣，展示自己的欲望以及分享的意愿，协调行动，使我们对科斯定律进行"湿"环境下的重新解读。

（3）互联网让人们变得友善。 舍基在书中似乎以最大的善意来解析互联网给人类社会带来的美好改变——人们更愿意去分享、更易协调和乐于合作，而这一切都基于互联网所激发出来的人类对爱和善的集体追求。 这种看似浪漫的解释或许还可以有另一个更理智的经济学意义上的答案——为了追求自身收益。成本过高甚至只要成本稍高于所获得的精神或物质上的收益，都会消减人们做这件事的积极性，久而久之，人们会被冷眼旁观的社会观察家们贴上无可救药、生性麻木、冷酷无情等人性标签。可当互联网出现后，人们拥有越来越丰富的表达渠道，即如书中所言："人人都是自媒体，人们可以就任何事发表看法并被人听到。"一旦想到这种可能的互动，每个人都会激动并积极行事，再加上互联网使沟通成本无限地降低，我们获得精神满足与潜在友谊的成本几近为零，为什么不去做呢？ 这种交流获得的各种精神满足与低的几乎为零的沟通成本一旦结合，精神需求的群体性追逐便在网上呈井喷之势。 于是，有人惊呼，互联网改变了人类原本麻木不仁的本性，唤醒了人类良知。

（4）新的群体行动模式。 克莱·舍基提到一个好莱坞的笑话："好消息是要拍一部好的电影有三个简单的法则，坏消息是没人知道那些是什么。"接着，他告诉我们社会性工具要想良好地运作的三条法则：一个值得相信的承诺，一个有效的工具以及用户可接受的协议。

三者"各司其职"，承诺告诉每一位群体参与者为什么要参与，工具帮助人们解决怎么做，协议确立了规则——你可以得到什么以及群体期望你做到什么。

联想起读本科时的一位师姐，她现在《中国青年报》下的一个部门和她的团队一同开发一个叫作"青梅"的手机客户端。这是一个专为每个学校单独定制，依托该校校园媒体、知名社团自主运营的校园手机客户端。它采用开放的 QMer 平台，汇聚该校所有官方组织、知名社团、周边商铺、校园达人、麻辣教师，等等。自主订阅，随时随地为学生提供校园生活服务。从 2012 年 7 月完成首批高校申报至今，在全国范围内已有包括清华大学、中国人民大学、复旦大学、中山大学等 120 余所高校加入。"青梅"能够发展壮大，在很大程度上得益于其契合新的群体行动模式：

承诺：让每一位 QMer 展示自我，使青梅真正成为"校园生活速递"。

工具：基于苹果 iPhone 平台和安卓平台的手机客户端，使 QMer 可以通过手机登录浏览信息；通过互联网官方网站，QMer 可以进行服务发布、消息反馈等。

协议：用户可以随时随地获取时新、贴近、有料的校园生活服务，QMer 需要定期更新内容，以更好的服务吸引更多的用户。

在"湿"的未来，承诺＋工具＋协议的群体行动模式将更广泛地被"无组织的组织"所采用，反过来也促进群体行动的成功。

三、对"湿"的反思

"湿"的未来正在慢慢到来，在前景似乎"一片大好"的人人时代中，我们还需保持冷静，对"湿"进行反思。

《人人时代：无组织的组织力量》一书中，作者谈到了很多社会化工具和技术，如协作性新闻站点 Digg、图片分享平台

Flickr、共享智慧与知识的 wiki 等等。 不得不承认，这些工具和技术的发明与广泛应用，正在加快"湿"的未来到来的速度，但我们应避免陷入"技术决定论"的窠臼。

所谓"技术决定论"，最早由美国经济学巨匠凡勃伦提出，它建立在两个重要原则的基础之上，一是技术是自主的，二是技术变迁导致社会变迁。 我们应避免的是强技术决定论，即认为技术是决定社会发展的唯一因素，而否认社会对技术发展的制约因素，看不到"人人"的作用。 即便拥有全球连结的可能性和连结低成本等优势，互联网终归不过是一种技术，互联网的江湖依旧是人的江湖，决定它是否发挥作用的依旧是它的发明者和使用者——人。

明确了这一点，我们需要在未来思考、解决一系列问题：例如，社会化工具的大量使用，对舆情监控和管理提出了什么新的要求？ 在未来的生产生活中，企业等常规组织是否会被大量业余化的"无组织的组织"所取代？ 群体聚集的成本不断减少，聚集难度不断降低，是否会导致组织越来越多而泥沙俱下？ 又如无组织的组织是否有其法律依据？ 网众间的正常经济关系、隐私如何得到保护？

对于互联网给人类社会带来的未来的可能性，我们需要更理性的推敲与探究，用解释得通的技术发展逻辑和人类思维逻辑作为根本的考量标准，而非以浮于表面的社会现象和发展方式作为标准，轻易作出判断。 诗化的语言描述可以有，但诗化的逻辑推理则不必要。

当新闻生产遇上新闻聚合

——《未来是湿的》读书笔记

■张甜甜[①]

　　这是一个社会化媒体主导的新纪元，我们的生活正在被网络这一社会化工具所改变；这是一本以讲故事的形式来揭示未来趋势的书，为我们展示了在新的社会关系形态下新的传播模式和未来的组织方式。在这本书里所描述的群体行为正在我们的生活中上演，我们每天都在经历人人时代，也感受着无组织的组织在社会生活和变革中的隐性力量。社会化媒介吸引我们的不是它的内容，而是它所提供的平台，在这个平台上，人人都有发言权，我们已经迎来了自媒体时代。

一、未来是湿的

　　《人人时代：无组织的组织力量》，原名是《未来是湿的》。为何未来是"湿"的？这种"湿"的社会有怎样的特征呢？姜奇平说："工业化好比一台烘干机，将社会关系中一切带有人情味的东西烘干，我们把烘干的社会关系，或者社会关系的干称为组织。在未来，人与人像日常生活那样，凭感情、缘分、兴趣快速聚散，而不是像机关、工厂那样天长地久地靠制度强制待在一起。"在我看来，"湿"是一种形象化的比喻，在湿湿的环境里，人与人之间就有交流和黏连，不是干干的毫无关系或独立存在，在这种环境下，人与人之间的关系不是机械地靠契

---

①　暨南大学新闻与传播学院 2013 级广播电视学硕士。

约来强制相连，而是基于感情、兴趣和缘分而连接到一起，关系变得更加紧密，充满群体合作的可能。

那么，未来为什么是"湿"的？我们现在拥有着怎样的关系形态？

20世纪90年代，美国提出了建设"信息高速公路"的目标，经过20多年的发展，互联网技术已经给社会带来翻天覆地的变化。从Web1.0到Web2.0，现代传受关系逐步从"传者中心"到"受者中心"，再到现在的平等、自由、交互的新型传受关系，受众越来越多地掌握话语权。在论坛、贴吧、微博、微信上，用户不仅有权决定自己要看的内容，而且是内容生产者；不仅被动地接受信息，也享受着网络工具赋予的分享、合作、集体行动的自由。这不能不说是传播模式的一大革命，而这一切都是在新媒体平台下进行的。

在1969年，麦克卢汉在《地球村的战争与和平》中第一次提出了"地球村"的概念。在麦克卢汉看米，随着传媒的不断发展，地球村不断变"小"，人们的交往方式以及人的社会和文化形态都会发生重大变化。从工业社会到后工业社会，人们将会"重回部落时代"，人与人之间的交往会重新恢复到面对面交流的状态，联系从稀少回归到紧密，单纯地因感情、缘分等重聚，人的分享创造的本能将被充分挖掘。麦克卢汉半个多世纪之前的预言今天正成为现实，这种"重回部落时代"的特性就是这个"湿"的社会关系的特性。

那么，这种"湿"的组织形式到底是一种怎样的组织形态？

在国外，Napster、Skype、Google、Ebay、Wikipedia、Facebook，这些网站都非常受欢迎，用户除了消费媒体的内容外，还喜欢创造信息、分享信息；在中国，QQ、微信、微博等也在引领用户新的生活和消费方式。我们不难发现，这些网站在本质上都是新闻聚合网站，它们的特征是：在了解用户需求的基础上，为用户的共享、合作和集体行动提供了平台。它们没有生产新闻，只提供新闻聚合的平台，人与人要靠社会化软件连接。社会化软件是指支持成组通讯的软件，而例如腾讯这样一种社会化软件正在成为改变社会交往方式的技术支撑。

二、互联网是一锅石头汤

互联网的最主要作用来自于它的群体构建。在书中，舍基不遗余力地强调互联网构建群体的重要意义。胡泳教授也说："低成本方式和最佳路径就是允许用户参与，而一旦我们开始走上这条路，无限的可能性就开始展开了。"而这种基于爱而展开的群体行为可以看成是一个梯子上的递进行为，按照难度级别由低到高，这些梯档分别是共享、合作和集体行动。

第一级：共享

群体是有复杂性的，借用物理学家菲利普·安德森的话来说，"多即不同"。群体中的每个人都是有独立意见的主体，群体人数越多，用于协调人际关系的成本越大，就越难达成统一意见。"没有一家机构能够投入自身所有能量去追求其使命，它必须耗费可观的努力来维持纪律和结构，这样做是为了保障自己的生存。"

然而，新的社会化工具的出现改变了这个模式，它使协调群体行动的成本降到最低，这种无组织的协调使得依靠传统管理不容易实现的事通过采用新型协调方式而变得可行。

2005 年，逾百名游行参与者汇集了上千张有关"美人鱼游行"的照片，第一次把它们公开放到了网上。Flickr 网站上由用户分享的照片远比传统机构和其他媒体的照片更快、更多、更全。Flickr 是分享的源头，但它并没有协调用户来进行分享，它只是提供一个平台帮助用户自发地组织起来。没有事先组织、没有报酬支付、没有管理成本，Flickr 所做的，不过是提供一个服务器，设计出一种能自由添加照片标签（tag）的功能，联合同一标签的人形成链接，相互关联，按照 tag 对照片自发、分类管理。所有这一切都是一种无组织的协调，但是正因为这个平台，用户才可以实现自我管理，实现"给我一个支点，我就能撬动整个地球"的梦想。

Flickr 这类工具将之前"先集中再分享"的群体行为法则转变为"先分享再集中"，这种分享方式的管理成本几乎为零。

关于管理成本，书中有一个很有意思的提法是"科斯地板"，它是说，任何行为都有一些不可压缩的成本，巨大的交易成本使得企业在某些情况下与市场相比，具备相对的经济优势。 这是企业存在的原因。 然而现在，因为网络工具的使用，形成一个群体所需要的成本已经位于"科斯地板"之下，低于企业的最低成本，群体能以最低的成本、最快的速度自发组织起一个很大规模的运动、协同合作发起一项维权。

QQ、微信、微博分享平台有着与 Flickr 相似的功能。 一方面，我们每天在这样的平台上独立进行内容生产，无偿地为这个平台贡献内容；另一方面，它也满足了我们创造、分享、与他人联系的需要。 我们每天用它发布我们的最新动态，从和朋友的联系中获得情感慰藉，也在这样一个聚合的信息平台上获得我们需要的某一类信息。 当重大事件发生时，它就发挥着信息发布平台的功能，寻人寻亲、知识普及等信息都在这里发布，分享给自己的订户。 低成本使得分享成为可能，这也是创造新群体的基点。

第二级：合作

合作比单纯的共享更难，它牵涉到改变他人行为与你同步和改变自身行为与他人同步的问题。 协同生产是一种更深入的合作形式，它涉及一些集体性的决策。 在维基百科中，这种决策是在翻来覆去的讨论和修改中完成的。

维基百科，这个协同式的百科全书已经成为世界上被访问次数最多的网站之一。 维基百科上有一个设置："编辑本页。"就是这样一个设置改变了内容的生产模式，让读者自发地成为内容贡献者。 维基百科的每一篇文章都有一个永远没有终结的过程，都得益于集体编辑，持续的用户阅读和修改创造了巨大的价值。 维基百科创造了一种自发式的不受管理的劳动分工，从文章被创建开始，它就有读者，他们自发地决定是否对文章进行文字、图片或语法语序的编辑。 维基的管理方式就是让社会尽可能地多做事，而当社会不能自己解决时，就使用技术的解决方法。 维基词条不是诞生于和谐的思想，而是出自经常不断的审核和校正。

为什么有这么多人愿意为维基免费工作？舍基认为，"人脑中的某些部分专门会来做出一些经济上不理性而对社会有益的考虑"，有一种虚荣心和表现欲，想锻炼自己没有用过的脑力，来做一件好事。每个人都有表现欲和分享欲，若能满足用户的精神上的需求，在没有酬劳的情况下用户也愿意贡献内容，这也是实现他们价值的一个途径，当帮助别人或者完成一项任务后，他们会有满足感和成就感。

第三级：集体行动

集体行动，即一群人的整体性行动，比协同生产更为复杂。舍基讲述了 1992 年和 2002 年《波士顿环球报》两次天主教牧师性侵丑闻事件，同样的情节、同样的案例，甚至是同一位主教，事件的结局却完全不同：一次是主教把波特调到另一个教区便草草收场；另一次却是罪犯盖根被绳之以法，试图包庇的主教也迫于公众压力引咎辞职。当我们回看这两次事件，可以看出在这十年里互联网环境的变化，新的信息共享方式已经生了根。1992 年，因为信息传播的不便，即便丑闻已经公开，教会也不会担心因为广泛传播和交流而爆发的愤慨。那时，没有电子版报纸，也没有电子邮件和博客等分享工具，更没有网站这种形式聚合信息，为事件存档；如果想要分享信息就要靠剪报和邮寄的方式，复杂而麻烦；所有想要传递信息的冲动也会因为这种困难而减弱。然而现在，情况完全不同了，一轮一轮的社交媒体上的讨论让重大社会事件不断地被置于风口浪尖，之前由于用户信息的封闭，重大丑闻随着静静时间的流逝已经一去不复返了。技术消除了信息传播的区域局限和群体交流的障碍，它改进了我们的传播方式，但因为改进得如此深刻，集体行动正催生着社会变革。

在传统媒体向自媒体发展的过程中，真正的控制权掌握在大众手中。从 2007 年开始，厦门 PX 事件、重庆钉子户、陕西周老虎和山西黑煤窑这四大网络事件标志着我国舆论新格局的形成，公众、政府和媒体三者开始了争夺舆论主导权的博弈。信息的发布传递方式发生变化，论坛、微博成为继官方媒体通道之后新的信息源地。公众拥有话语渠道之后，互动分享变得容易，很多网络群体事件都从微博爆发，形成"新媒体点火—传统媒体扇风—政府灭火"的新的信息传播格局。 在这一过程中，新旧媒体互动、意见领袖参与活跃，在舆论事件的互动链条中，最终的结果往往是满足公众意愿，相关公共力量妥协。

无论是分享—合作—集体行动这样一条传播链，还是互联网技术下公众逐步掌握话语权，迫使公共力量妥协，这些都需要公众积极主动的参与。 互联网是一锅石头汤①，它向我们传递着"只要每人献出一点爱，就能改变世界"的观念，于是每个人在"大爱"的召唤下都不会吝啬自己的那一点力所能及的贡献，而内容就在这样的环境下慢慢汇聚，实现媒介平台上的"用户内容生产"。 这一锅石头汤本来索然无味，但因为每个人的贡献，就真的成了一锅"好喝而营养"的石头汤。

三、《赫芬顿邮报》——当新闻生产变成新闻聚合

毫无疑问，伴随网络世界的发展，群体的组织形式已经发生转变，当传统媒体正在衰微，哪些新媒体正在崛起？ 随着技术的发展，我们的社会正在发生着怎样的变化？ 这里以《赫芬顿邮报》为例。

《赫芬顿邮报》是美国第一份没有纸质版的报纸，它被称为是美国的一份"six years to disrupt one hundred years"的报纸，即6年战胜了100年。 2011年，《赫芬顿邮报》的月独立用户访问量首次超过了百年大报《纽约时报》，这对它来说是一个里程碑，意味着《赫芬顿邮报》已经跻身主流媒体。 2011年2月，互联网巨头"美国在线"以3.15亿美元收购了该网站。《赫芬顿邮报》有着强大的新闻生产能力和用户吸引能力。

《赫芬顿邮报》的成功不能说是一个偶然，它是顺应用户的

---

① 石头汤是法国的一个民间故事；有三个又累又饿的士兵去一个村庄讨吃的，但村民们都把食物藏了起来。 士兵们为此想出了一个办法——煮一锅石头汤。 村民们对此很是好奇。 士兵们随后说出除了石头之外的其他配料，好奇的村民将这些配料——"贡献"了出来，最后真的煮成了一锅美味的石头汤。

参与、创造、分享的需求，把它定位成新闻聚合的平台。新闻是社会化的新闻，它是收集信息、与他人对话的载体。在这个人人都是"自媒体"的时代，大规模业余化成为一种趋势，《赫芬顿邮报》的新闻生产采用"众包"模式，以最小的支出提供最大范围的新闻。它的生产圈像是一个"同心圆"，包括150名带薪工作人员、3 000名博主、12 000名公民记者。这个生产圈无比广泛，也无比强大。除了150名带薪工作人员外，博主和公民记者都靠着一个共同的理想，无偿地贡献内容。所以每当新闻事件发生，《赫芬顿邮报》都能在第一时间提供最新的信息，随后还有高端博客作者提供最深度理性的分析。"新闻模式再也不是一种单向传递的消极关系，而是一个生产者与消费者之间共享的事业。"（乔纳·柏瑞蒂）

那么，《赫芬顿邮报》的成功是如何形成的？

（1）高质量的内容：《赫芬顿邮报》最初专注于政治领域，并将博客打造成招牌。经过认证的高端博客作者发表的高质量评论很吸引用户，持续的高端评论增加了用户黏性。《赫芬顿邮报》的博客作者都是各领域的领军人士，他们不计酬劳，定期为网站撰写评论。

（2）从政治领域向多领域进军：赫芬顿的目标非常明确，"我们想成为网络报纸，报道所有事情并为各种利益服务"，但是这要"从我们独特的编辑观点出发"。《赫芬顿邮报》的内容包罗万象，从政治到经济、科技、体育、娱乐，无所不包。

（3）实时内容最新发布，不同类型的内容一站式混合：最新信息的最快的聚合平台，电视台报道、公民记者图片、网民评论等集结在网站上，这些是传统媒体做不到的。

我们现在正面临着一个巨大的转变：社区本质上是合作的，社会化工具能够完美地支持它，摄影、烹饪、音乐、文字、工作生活点滴等都能形成分享，网络世界正呈现出前所未有的汇聚群体的力量。这种汇聚不仅能分享信息、集体行动、利用开源软件、创建聚合平台，以最小的支出获得最大的收益，有时还能引发社会变革。

但是，值得关注的一个问题是，传统媒体的条理性和社会化媒体的混沌性形成鲜明的对比，相比之前的专业化新闻生产，目前的新闻呈现"碎片化"和"随意性"。社会化媒体为每个人提供了表达平台，但是用户生产的"内容"其实不算是"内容"，人们每天记录的绝大多数都是日常琐事，在这种情况下我们也面临着网络时代的信息冗余，我们有太多的选择，"被一堆垃圾塞饱，不是和饿肚子一样糟糕？"

另一方面，网络能够运用道义的力量汇聚群体，这些参与群体行动的人正义执着、不计得失，但网络群体的行为是否理性？互联网赋予群体如此之大的自由和力量真的是一件好事吗？一个群体一旦形成，想控制他们就不再容易。在群体中，暗示、传染机制和群体领袖作用都是不可忽视的，正如书里第一则故事"丢失的 sidekick"中，埃文的 BBS 迅速成为痛贬莎莎、她的男朋友、单亲妈妈以及波多黎各族群的大本营，这里明显就存在着种族主义和性别歧视，网民在群体事件中的狂热性、非理性、盲目性也显而易见了。

在赫芬顿的演讲"Desperate Times Lead to. . . Desperate Metaphors"中，她辩解说，传统媒体的受众流失应该从自身找原因，不应责怪《赫芬顿邮报》为"寄生虫"、"偷盗者"。那么，未来的内容提供商是否要收取版权费来获得生存？除了书中所描述的，未来的无组织的组织形式还将有哪些新的形式，迸发出哪些新的力量，还需要我们继续思考。

内容只在合适的时机给"指定"的人看

——读《新规则：用社会化媒体做营销和公关》有感

■伍嘉瑶①

　　自媒体、全媒体的快速演进与猛然发力表明当今社会处于营销全面铺开的关键时期，预示着营销步入崭新的 Web3.0 时代。在此情况下，企业要想有效地实现预期的传播目标，依靠传统的宣传思维显然跟不上步伐。利用社会化媒体做营销和公关的思维来对企业宣传项目的设计、应用和控制进行精准把关，可以让其在最短时间内从亿万信息中脱颖而出，最大限度地提升受众对企业理念的接受程度，打一场营销的漂亮仗。

　　在《新规则：用社会化媒体做营销和公关》（以下简称《新规则》）一书中，作者斯科特向读者展示了他敢于将赌注压在社会化媒体上的勇气与决心。诚然，我们也不得不面对一些社会化媒体的发展困境：书中力捧的"博客"，当下在国内几近销声匿迹；这两年闹得火热的微博、微信，地位也摇摇欲坠，正走向穷途末路。究其原因，在于网络媒体自身存在的种种弊端，不同国情下的不同传播生态环境，开放透明的网络环境带来的信息密集化、碎片化、去中心化、无序化的传播桎梏，受众稍纵即逝的新鲜感……

　　数以亿万计的信息如潮水般涌来，以致网友们被卷入浪中，

---

①　暨南大学新闻与传播学院 2013 级新闻与传播硕士。

扑腾着上不了岸。 在这样一个时代，想让受众注意到你，谈何容易？ 尽管如此，作者向我们传达的内容为王、细分受众、崇尚互动等核心观点，仍然值得传播者认真借鉴。 借用作者的话说，"网络营销完全不同。 它不采用单向的打断方式，而是当购买者恰好需要某些内容的时候为他们提供这些内容"。

一、 内容为王——扭转传播局面

"要想使营销和公关策略获得成功，就必须摆正内容的地位——内容才是唯一重要的。"书中，斯科特强调社会化媒体中内容的制作，"只要是好的内容，无论什么形式，都能够使消费者看到你和你的组织是'内行'。 内容驱动了消费者的行动"。

在传统媒体独大的时代，"内容为王"和"渠道为王"两方的观点尚能针锋相对，各有千秋。 而到了社会化媒体横行的今天，交互性的网络让人人都成为一个自媒体，任何人都能对于任何事情发表任何看法，并且向关注自己的人传播开去。 因此，曾经光用一面倒的传播口径来"绑架"受众的历史已经不可能重演。 当人人都能对自己感兴趣的信息"点赞"或"拍砖"时，内容当之无愧地登上王者宝座。

在社会化媒体时代，国内学者对内容的重视也达到了阶段性的高潮。 彭文波等著的《修炼之道： 互联网产品从设计到运营》，就从产品初期的筹划、设计、开发、诞生、推广等各个阶段具体阐述了产品呈上台前并被接受的过程。 其中，对内容的设计和修改是整个过程中最为反复和持续的环节，目的是让目标受众群体更好地接纳它，从而帮助企业挖掘最大的商业价值。 沈拓的《不一样的平台： 移动互联网时代的商业模式创新》（以下简称《不一样的平台》）同样如此阐述： "平台得以存在的基础是双边理论，平台一边用户的存在依赖于另一边的用户的存在，任何平台的经营都需要致力于双边用户的良性互动。"也就是说，受众是否愿意接触你、接触的时间有多长，这取决于你在互联网平台上为受众搭载的利益价值的大小，也就是内容质量的高低；而受众在你身上投入的关注度和时间精力，则是他们对于你所提供的内容的最大回报。

在《新规则》中我们可以看出，在斯科特的理念中，内容不是用变相的糖衣炮弹将"宣传"隐形，从而让受众察觉不出宣传的痕迹，而是真诚地、坦率地从受众的角度出发，为他们提供一手的、有用的、感兴趣的信息。由此，企业将不再是连哄带骗地收买消费者，而是扮演了一个平台角色。在这个全面的、互通有无的平台上，买家、市场、媒体、产品能够通力合作，内容则承担了"总统"或"教皇"的角色，产生的效应是，改变了以往企业追逐消费者，一厢情愿地向他们灌输信息，结果消费者倒尽胃口的局面，转而营造消费者、媒体猛赶企业发展脚步，以获取新颖、快速、有趣、实用的信息，甚至主动为企业进行新一轮传播的新局面。

二、细分受众——深耕传播路径

细分受众是传统营销中亘古不变的主流思想。而在社会化媒体的运用上，面对庞大、匿名、分散的网络用户，想要找到真正对预期传播感兴趣、并能够形成传播影响的一小部分受众，所谓的"指定"似乎无从着手。以至于很多企业在运用社会化媒体营销和公关的过程中都忽略了消费者的独特个性，采取固定、单一的传播模式和口径，结果适得其反。

"发布者需要仔细地识别和定义目标客户群，并考虑提供什么内容才能满足他们的需求。"斯科特向大家表示，作为信息的传播者，在社会化营销时代，我们同样要对以下问题进行深思熟虑：我的读者是谁？他们需要什么信息？他们的动机是什么？我如何才能把消息传递给他们？我能帮助他们解决什么问题？什么内容在能够吸引他们的同时还能把信息告诉他们？什么内容才能吸引他们购买我的产品？

"一个卓越的网站一定是各种在线媒介的集合体，囊括博客、新闻和其他在线媒介，内容网站以一种富有凝聚力的有趣方式，激活企业的网络个性，使其变得赏心悦目、趣味盎然，而且最重要的是,它将企业展现在每一个买家面前。"的确,如今的信息传播环境纷繁复杂:技术升级,平台密集互动,信息爆炸式、碎片化的传播愈发让受众处在信息的洪流中无法自拔。 受众接收的信息越多,要采取的信息筛选行为就越多,这意味着企业预期传递的信息很可能落空。 因此,在这样一个传播者与受传者都难以寻踪的信息传播环境中,企业要想实现有效传播,从而把自身的文化理念宣传与品牌价值树立落到实处,对潜在的每一个受众群体进行细分研究,并为其提供专属的价值信息便成为题中之义。

斯科特用大学网站应区分出高中毕业生、毕业生父母、本科在读学生、体考生等几大受众群体的例子,为读者展示了分众传播在社会化媒体营销上的必要性。 "重点是你的组织要帮助不同的买家解决不同的问题。 而且毫无疑问,如果你针对每个买家创建信息,而不是简单地依赖于一个通用网站,对所有人都使用同一套宽泛的信息,那么你的在线营销和公关计划将获得更好的效果。"国内的学者同样在受众方面进行了诸多探索。 拿沈拓的《不一样的平台》来说,书中以大量的事实展现了社会化媒体环境中,进行分众传播、细节抠取的意义,如免费的 360 杀毒软件和付费的瑞星,电脑桌面右下角的地位争夺,网络上售卖的量身定制的衬衫,任何一个网站上大大小小、内容不同的分类窗口……

三、交互体验——扩宽传播渠道

"由于网络营销的核心是交互,是提供信息、教育和选择,因此,传统的广告商家已经很难再打断人们,并吸引人们观看或收听他们通过老式的电视广播为产品做的广告。"的确,报纸、杂志、电视、广播等传统媒体有着天然的权威性,传播力量更为集中、有针对性。 然而,在互联网的冲击下,传统媒体的优势已经乏善可陈。

社会化媒体为信息传播披上了"黄金铠甲",网络传播的最大亮点在于立体化的传播构架。 在线社区、博客、百科、微博等互联网协作平台让信息拥有了广泛多样的传播渠道，打破了传统的由少数占有传播资源的人向其余大多数人灌输信息的单向固定局面。相反，如今人人都可以通过社会化网络平台发声，成为信息的传播者、话题的引导者。换句话来说，网络使得传播者与受传者之间的身份角色趋向模糊并相互融合。博客、微博、微信、活动官网、论坛、网络视频、门户网站等网络平台的运营能有效地实现新闻的迅速传播，更有利于企业产品和品牌积累关注它们的人群。同时，网络的互动性更是扩大了信息的传播声量，每一个网友都可能成为企业所发布信息的分享者、传播者，这种方式极易调动网友的参与。

《不一样的平台》一书全篇都将互联网产品作为"商业平台"而论，可见其对"交互"作用的重视。诚然，该书主要是为互联网企业描绘一幅商业蓝图，但实际上对于实体企业同样具有借鉴意义。沈拓说："平台存在的形态是担当所处价值网络的中心，利用自己所处的关键位置，与合作伙伴一道共同创造价值。"这种想法恰恰与斯科特不谋而合。社会化媒体的作用不在于企业信息的单向传播，而在于企业通过社会化媒体平台深入了解、收集和梳理用户对企业的评价，并与消费者密集互动，从而针对消费者的反应和态度进行反复的接触和传播。斯科特强调："从任何新媒体中获益的技巧是：参与其中；不要只想着利用它，而要真正融入其中！临渊羡鱼，不如退而结网！不管你选择了什么社交网络，不要犹豫，参与进去，看看能做什么。"

综上所述，在社会化媒体时代，任何政府、企业、媒体，甚至个人，都应该重视网络巨大无形的力量。想要将自己推销出去，就像是在追求"梦中情人"：首先，你要"打扮自己"，给对方留下一个好印象。丰满、独特、新鲜的内容优势将带你进入一个他人无法抗争的领地。其次，"知彼知己，百战不殆"，你只能确定一个"心上人"，并了解她喜欢什么。细分受众，精准传播，有的放矢；而朝三暮四只会分散自己的魅力，最终很可能败下阵来。尤其是弱小的组织，无法与强敌硬拼，更应集中力量，占领高地，投入自己的受众当中。最后，当你了解了你爱的人之后，你要跟她进行交流。所谓交流，就是你要向她展示你的美好，同时也要学会倾听，谁都不愿意跟一个"唯我独尊者"交往。 这也就是交互体验。 网络环境中的双向交流更是如此，一边倒的宣传不仅没有意义，最终还会引致反感，我们该做的就是将受众摆到与我们同等的位置，与之进行沟通和交流。

《新规则》一书中充斥着众多成功利用社会化媒体的企业案例。 诚然，笔者也敬佩这些成功者，但要警醒的是，用无数成功案例堆砌的"理论"，是沿袭胜利者的逻辑而捋顺的一个线状思维模式，它只能被当作一种用以激发灵感的"参考"，而无法成为一种意义上的"指导"。 当然，我们也必须承认，斯科特的《新规则》给我们提供了一种利用社会媒体进行营销和公关的创新思维方式。 他为我们带来的无数成功者的灵光，在某些恰当的场合能为某些人的发迹起到关键性的作用。 他的观点总结而言就是，"全新的 Web 发布模式并不是发布天花乱坠的消息，而是在客户需要的时候，在客户访问的地方，提供他们所需的内容，在提供内容的过程中，把你的组织塑造为一个领先者的品牌"。

新媒体下的幻影公众及其公共舆论

——沃尔特·李普曼的《幻影公众》的新启示

■白洪谭①

几年前，我在一个读书会上大谈杜威与美国的民主时，一位前辈学者建议我读一下李普曼的书，只是当时的我沉迷于关注参与式民主进程，又因社会化媒体时代的众声喧哗而欢欣鼓舞，总感觉李普曼对传统民主模式和媒介的判断早已过时，他的论断也太过于悲观。几年过去了，网络社会与市民社会在一天天崛起，人的主体意识也在逐步提升，但新媒体下公共舆论及其统治的问题也随之而现，李普曼的警告又重新回响在耳边，终于有一天，在远离网络喧嚣后的一个午后，一本叫作《幻影公众》（*The Phantom Public*）的小册子安静地放在书桌一隅，我又回到了李普曼的世界。

《幻影公众》出版于 1925 年，从讨论的问题来看，《幻影公众》更像是《公众舆论》的姊妹篇。只是不同于后者的是，这本更加成熟和理性的著作出版之后并未引起太多的重视，大概是因为当时的人们"似乎难以接受该书对传统民主理论的激烈批评，以及书中对民主制度的悲观调子"②。许多论文和评论也从李普曼对传统民主的质疑来探讨李普曼的这两本著作，而从传播

---

① 河南理工大学建筑与艺术设计学院助教、传播学硕士。
② ［美］沃尔特·李普曼著，林牧茵译：《幻影公众》，上海：复旦大学出版社 2013 年版，第 25 页。

学的视角观察，除了对民主及其程序的探讨，《幻影公众》更像是对《公众舆论》的一个回应，它从舆论的主体——公众的角度来提示我们为什么要对公共舆论保持警惕。在这里，我使用了公共舆论而非公众舆论，是想把讨论的对象限定于更接近传统民主的公共利益或公共事务的舆论范畴。公共舆论是指围绕公共利益、公共福祉、公共事务或国家事务而形成的舆论。

相比于正式的传统民主制度，公共舆论是"一种非正式的压力和社会控制力量"①，而社会化媒介对公共舆论部分直观而可视的展示放大了公共舆论的这种控制力量。但李普曼非常理性地指出，传统的参与式民主理论所依赖的神圣公众并不存在，他们只是基于错误的人性假设的一个幻影，而真实的公众往往是充斥着对公共事务麻木、无知且非理性的局外人，这种幻影的公众不能保证民主的正常运行，也不能保证真正存在有公共性的公共舆论。而具体来讲，形同幻影的公众包含了以下几个部分。

第一，作为"旁观者"的公众。李普曼在《幻影公众》的开篇就提到"当今的普通公民就像坐在剧院后排的一位聋哑观众，他本应该关注舞台上展开的故事情节，但实在无法使自己保持清醒"。大多时候，公众无法亲自接触、了解和参与公共事务，而在自己头脑中呈现的公共事务仅仅是媒介所提示的拟态环境。但李普曼在新闻业界的见闻和经验告诉他，拟态环境并非真实环境，而是通过信息审查和意识形态过滤的环境，在这种环境下，个体公民"不知道怎样处理，不知道正在发生什么，为什么会发生，将要发生什么"，因而我们也不能相信"无知个体的混合体能够给予公共事务持续的引导力量"②。而且，"新闻机构并不是制度的替代物"③。公众也不能期待新闻机构能够通过新闻报道而代替政府职能。在新媒体时代，互联网塑造了更为多元的拟态环境，可是很多时候，真相并未出现"无影灯效

---

① ［美］文森特·普赖斯著，邵志择译：《传播概念·Public Opinion》，上海：复旦大学出版社 2009 年版，第 8 页。

② ［美］沃尔特·李普曼著，林牧茵译：《幻影公众》，上海：复旦大学出版社 2013 年版，第 23 页。

③ ［美］沃尔特·李普曼著，阎克文、江红译：《公众舆论》，上海：上海人民出版社 2002 年版，第 287 页。

果"，而在众声喧哗中变得更加扑朔迷离，公众也并非走向共同，而是在多个版本的拟态环境中分崩离析。公众需要知道公共事务的真相才能行使公众的职能，但现在，公众仅仅是不能走进真相的"旁观者"。

当下中国，互联网的发展在理论上使社会迈入了一个"人人都有麦克风"的时代。微博、微信等社会化媒体进一步扩大了公众参与公共事务的平台，个体的价值得到关注，个体获得了设置与影响公共议程的可能性。传统的公众形象在当下的网络语境中悄然发生着变化，公众由独自的"旁观"变成群体的"围观"，而且，这种"围观"通过点击率、跟帖数量和微博、博客内容等在网络上得到直观而快速的展示。与此同时，"强政府、弱社会"的格局也因为市民社会①的崛起而发生着变化，传统的意识形态对公众的"召唤"在网络时代也遇到了抵抗。但是网络的围观能够改变李普曼所提到的旁观者的懵懂状态吗？答案依然不乐观。多元的拟态环境似乎在逐渐塑造着真实世界的全息图景，而这张全息图景并不是为了让公众的认知变得简单而清晰，而是变得多元而复杂。在这个过程中，一些现象仍然值得我们反思与警惕：网络的流言与谣言依然深深影响着真相的传播；基于各种利益的网络水军依然不知疲倦地塑造着他们所认为的"理想国"；而公众不经意的分享与转发也可能在瞬间逆转真相与谎言的关系。在这种环境中，当局者未必迷，而旁观者也未必清。

第二，"业余"的公众。李普曼认为，传统的民主理论期待个体公民"付出无穷多的公益精神、兴趣热情和努力"②。而这对普通公民来说要求太高了。政治参与是一门专门的知识，公众不可能像职业的政治家一样思考问题并作出决定。而且，政治参与也非普通公民生活的全部，除此之外，安身立命与享受生活等事务或许更能吸引公众的目光。因此，让"业余"的公

---

① 葛兰西把国家分为政治社会和市民社会，对政治社会依靠政治霸权实现统治，而对市民社会则依靠文化领导权实现统治。

② ［美］沃尔特·李普曼著，林牧茵译：《幻影公众》，上海：复旦大学出版社 2013 年版，第 12 页。

众去参与专业的公共事务仅仅是一种仪式，从传统民主所要导向的理性结果来看，这是一个"无法实现的理想"。而在公众意识的启蒙与教育方面，李普曼与杜威也持不同的意见：杜威乐观地认为，可以通过对公民的教育来塑造民主所需的神圣公众，最终形成一个温暖而亲密的共同体；而李普曼则悲观地感慨，公众教育不同于学校教育，教育也不能完全承担对公众教育的重任，"通过对教育寄予的期望，最终只会得到令人失望的结果"[①]。

在我国，网络在一定程度上补充与扩大了协商民主的职能，政府对网络舆论的态度也上升到将它视为舆论阵地的高度。网络所传递的"正能量"是巨大的，但是新媒体在赋予了公众表达权之后也面临着公众"业余"所带来的风险。在微博、新闻跟帖所呈现的网络意见里，偏见、民粹等情绪如幽灵一般游荡在公共舆论之中，对公共事务的讨论往往以理性的追问开始，在激辩之后，又以非理性的谩骂与攻击结束。而且，网上的言论攻击往往因为线上"约架"而演变成现实生活中的暴力。在网络时代的公共事务讨论之中，真正以精神交往为目的的对话无迹可寻。在这个观点公开的自由网络平台上，真理并非总能战胜谬误，也并非总是越辩越明。此外，严肃的公共事务遭遇解构，各种网络恶搞参与其中，神圣的民主仪式在网络狂欢中化为一场滑稽的文化游戏，这些现象都逐渐消解着媒介的公共性。

或许有一部分公众对公共事务充满热情，并有时间和精力去关注公共事务，但网络表达的随意性也使得这种参与大打折扣。在网络环境中，城管、医生、官员等都面临着"塔西佗陷阱"，真正需要关注的问题被遮蔽了，留下的是污名化、标签化、地域攻击和群体极化，这些都与"理性"的公共讨论如影随形。

第三，"疏离政治"的公众。公众的旁观与业余也影响了公众对公共事务的参与，而这种参与被认为是传统民主的根基和灵魂。李普曼通过对许多国家投票率的观察，发现了"疏离政治"的公众，这种没有选民的民主以及"富媒体与穷民主"的现

---

① ［美］沃尔特·李普曼著，林牧茵译：《幻影公众》，上海：复旦大学出版社 2013 年版，第 14 页。

象引起了很多学者的关注。 在大众媒介的商业逻辑之下，媒介的公共性和商业性之间的结构性矛盾逐渐凸显，视觉盛宴下的狂欢与娱乐遮蔽了依赖逻辑和文本的深层次讨论，公众处在一个"娱乐至死"的世界，去政治化的现象逐渐凸显。 媒介又通过协同过滤和信息导航机制向公众提供着日趋"个人化"（individual）的信息，通过个性化的搜索引擎和收藏夹，公众在自己喜爱的信息道路上越走越远，而传统的民主需要公众经常保持对公共事务的信息接触，但个人关注的非公共议程和参与式民主所需要的公共议程之间存在零和效果。 公共与私人的矛盾会带来一种后果，即信息个人化的程度越强，个人对公共信息的关注可能就越少。

互联网中的言论表达尽管多元，但就公共性而言，还仅仅局限于一部分活跃群体。 2013 年 7 月发布的《中国互联网络发展状况统计报告》显示，截至 2013 年 6 月底我国的网民数量已经达到 5.91 亿，互联网的普及率为 44.1%。 但就网络舆论的呈现来看，网络舆论似乎存在着"二八原则"，小部分活跃群体贡献了大部分的意见呈现，这些意见呈现也并非都是关于公共事务的，还包括各种娱乐、通讯和广告等信息。 李普曼在《幻影公众》中谈到："公众并不是个体公民的集合体，而是对某一公共事务感兴趣的人们。"①新媒体网络中的显在公众也只是整体公众的一个部分，而如果仅把网络中这些对公共事务感兴趣的人的可视意见当成公共舆论，则可能意味着忽略更多的沉默的大多数。在网络之外，还有更多沉默的围观者，还有更多不能通过网络来发声的失语者，他们也是社会结构中的重要组成部分，在网络中，他们可能"疏离"了公共事务，但是在现实生活中他们的利益也应该得到重视与尊重。

第四，"多数暴虐"的公众。 退一步说，即便公众有精力关注公共事务，而且大多数通过交流作出妥协与达成共识，对于李普曼来说，这仍然存在着隐忧。 李普曼是一个民主现实主义

---

① ［美］沃尔特·李普曼著，林牧茵译：《幻影公众》，上海：复旦大学出版社 2013 年版，第 51 页。

者，他对民主数量与质量的关系有着清醒的认识。 李普曼认为传统民主模式所强调的多数原则，有时候"是一种由衷的神秘信奉，也有时候，是一种与权力理想化相伴随的自欺欺人。 本质上，它不过是君权神授的一种新面目"①。 多数原则尽管意味着平等，但在某种程度上也意味着平庸；多数原则能够保证形式的民主，但对于公共事务来讲，未必能够保证决策的科学性。 少数派有价值的观点在面对匿名的大多数时往往得不到正常的表达，于是，会出现其后学者诺尔·诺依曼所提出的"沉默的螺旋"现象。 在对传统民主的态度上，李普曼无疑也是少数派，他以精英知识分子的睿智对多数原则保持着警惕。

在新媒体上呈现的公共舆论之中，多数暴虐仍然是一个挥之不去的阴影。 如同柏拉图在《理想国》里提到的"洞穴隐喻"，那个走出洞穴看到光明并接近真理的人重新回到洞穴之后，却面临着其他同伴的嘲笑与否定，在多数原则下，这个人的思想无法传播，甚至个人的存在都面临很大的威胁。 网络中的公众并非一个持"共同体"观念的整体，而是一个多元的利益混合体，网络舆论也因为各个阶层的参与而呈现多样性。 网络社会中，专家、学者面临着群体暴虐的压力，他们一些有价值的观点很快淹没于公众的口诛笔伐之中。 社会进步与改革的动力来自公众，可是在某种程度上讲，也受阻于公众。 新媒体的赋权产生了舆论监督，同时也产生了舆论审判，行政与司法将不得不直面公共舆论的压力。 网络的赋权会带来公众主体意识的觉醒，但也有可能迎来另一种形式的群氓统治的时代。 公众是参与式民主的主体，但是这些形似幻影的受众又渐趋沦为参与式民主的敌人，最终，李普曼对现实的公众失去了信心，把处理公共事务的责任推给作为社会精英的"代理人"。 李普曼认为："公众必须归位，做他该做的事，以发挥自己的优势特长，让我们每个人都有可能摆脱迷惑的野兽般的肆虐和怒吼。"②

---

① ［美］沃尔特·李普曼著，林牧茵译：《幻影公众》，上海：复旦大学出版社 2013 年版，第 37 页。
② ［美］沃尔特·李普曼著，林牧茵译：《幻影公众》，上海：复旦大学出版社 2013 年版，第 114 页。

　　李普曼通过《幻影公众》提示人们，公众并不可靠，建立在公众基础之上的公共舆论和传统民主同样不可靠，但他并没有论述精英民主是否可靠。李普曼的理论有很强的精英情结，因此未免有偏颇之处，但是，他对传统民主理论及其公众的质疑给我们带来了宝贵的启迪。如今，网络社会的崛起推动了社会的进步和民主文明的进程。可是，在为新媒体的自我赋权与民主参与进程的不断进步而欢呼雀跃时，我们依然需要看到幻影公众及其舆论的负面影响，时刻不忘李普曼的警告，对多数的观点保持足够的警惕并多些反思与质疑的精神。

　　《幻影公众》出版之后，在相当长的时间里被人忽略甚至遗忘了。1974 年李普曼去世，但是在其后 20 多年里，他的著作又回归人们的视野，受到相当广泛的关注①。李普曼的精英观点或许受到另外一群"多数人"的质疑，他对传统民主与公众的悲观态度也许会令人不满，但是他所思考的问题在当今的媒介环境下依然存在，他的思想也如繁星一般闪耀在这个更加纷繁复杂的现代社会里，他的理论依然在场，参与着当下重大事务的辩论，从这个角度讲，李普曼并未远离。

---

　　① ［美］沃尔特·李普曼著，林牧茵译：《幻影公众》，上海：复旦大学出版社 2013 年版，第 1 页。

免费，真的免费？

■ 王　颖[1]

2009 年 12 月，《赫芬顿邮报》创始人阿丽亚娜·赫芬顿发表演讲，在"忠告"那些老牌的传媒机构（默多克等）时讲到："非常时期导致了非比寻常的收益模式。 传统媒体渐渐没落，是因为用户现在喜欢免费。 免费是一种现实，尽管你们不喜欢免费，但是免费一定会成为新闻消费的主流。 如果你们不能认识到这一点，那就是一种绝望的商业模式。 成功的新的商业路径，我们也不知道怎么走，但是在数字世界里，不能凭借模拟地图为自己指路。"

《赫芬顿邮报》是美国当今最具影响力的新闻博客网站，它仅用 6 年的时间就使其月独立用户访问量超过了百年大报《纽约时报》。 该网站兼具博客自主性与媒体公共性，因"分布式"的新闻发掘方式和以 Web2.0 为基础的社会化新闻交流模式而独树一帜，是"第一份互联网报纸"，是没有围墙的新闻花园，且赢利非常可观。 这都源于它的"免费"理念：免费的公众资源和免费的网络资源。

在赫芬顿发表此讲话，畅谈免费理念的 5 个月前，《连线》杂志总编辑克里斯·安德森出版了一本传达同样理念的著作《免费：商业的未来》，影响巨大。

一、《免费》来袭

克里斯·安德森，这位站在世界商业模式最前沿的时代巨

---

① 暨南大学新闻与传播学院 2013 级新闻与传播硕士。

擎，在用《长尾理论2.0》引发我们对互联网利基产品狂热的寻求之后，又在《免费：商业的未来》一书中为我们带来了"免费经济学"的理念。

在《长尾理论2.0》中，他主要探讨了互联网上应有尽有的商品种类、无穷大的货架空间如何使得"长尾"式多样化的产品销售成为可能，货架空间的成本也压缩到近乎为零。数字销售近乎为零的"边际成本"使得我们无需严格区分使用这种销售手段的目的。网络也因一切免费的特点成就了今日的奇迹，使它成为有史以来人类知识、经验和表达方式的集大成者。因此，在惊讶于这种特点所带来的成效时，他也开始对"免费"进行更深刻的思考，《免费：商业的未来》便应运而生。

在此书中，安德里森并不认为新型的"免费"是一种左口袋出、右口袋进的营销策略，而是一种把货物和服务的成本压低到近乎为零的新型卓越的能力。在20世纪，"免费"是一种强有力的推销手段，而在21世纪尤其是当互联网大潮席卷而来时，免费已经成为一种全新的经济模式。

该书提出了四种免费模式：直接交叉补贴、三方市场、免费加收费和非货币市场。金·吉列剃须刀的案例是直接交叉补贴，用付费的产品刀片的利润来补贴免费产品剃须刀；广播电视行业的二次售卖便是典型的三方市场，以付费人群来补贴不付费人群；"免费加收费"的核心是其中一个版本免费，其他版本则是收费的。对于数字化产品而言，并非为了销售99%的产品而免费赠送1%的产品，而是为了销售1%的产品免费赠送99%的产品，因为99%的产品成本微乎其微，且能使你占有巨大的市场份额，是"用日后付费来补贴当前免费"；作为交叉补贴的一种，非货币市场更符合现今的免费概念，因为它的第一表现形式不是货币，而是声誉经济和注意力经济、劳动交换、盗版等。

2009年7月，《免费：商业的未来》一书在伦敦举行发布会。同时，该书在数十个国家，以数种语言同步出版。在上市前，该书在亚马逊网站的预订效果良好，上市后就位居美国、加拿大、英国等亚马逊网总榜前列，影响力与反响空前高涨。那么这本书给中国带来了什么，中国互联网的未来在于免费吗？

二、中国，免费了吗？

其实，中国的互联网市场早已免费，而且不得不免费。

尼葛洛庞帝在《数字化生存》中提出："比特正在取代原子，成为人类社会的组成部分。"该预测也可置于互联网经济领域。原子经济本质上是以大规模生产取胜，它遵从的是单一化、标准化和格式化原则。而互联网作为一个分权的、去中心的、民主的生态环境，多元的、个性的、小众的比特经济才是正确选项。随时随地、随手可得的比特经济崇尚的是主客一体、多元共存、贡献的满足和分享的快乐。贡献与分享，离"免费"不远。中国的百度文库、爱问资料共享、新浪微博、腾讯微信公众号等，是贡献与分享的媒介，而且是免费的。

然而，中国的互联网市场真是让互联网企业家们爱恨交织。

爱源于中国庞大的人口基数所衍生出来的网民数量，这是一个让所有人都为之振奋与垂涎的大蛋糕；而恨则因为很多情况下，尽管有人气却没财气，比如新浪微博。为什么？中国网民不喜欢付费，尤其不愿意为内容付费，或者说他们更加愿意为服务买单。他们可以面不改色地掏出成千上万元去买手机、电脑，愿意花无底洞的钱买游戏装备，却不愿意花钱买内容，如新闻、软件、唱片等。如果说付费和免费是一个钟摆的两端，在中国，这个钟摆一直被吸附在免费这一边。尤其对于正在成长的互联网原住民来说，他们正是免费的一代：随意在百度搜索栏输入"免费"两字，后面紧接着弹出来的便是免费小说、免费电影、免费翻译、免费申请 QQ 号等内容。"免费"哺育着"目空一切"的他们。

在美国，《华尔街日报》开创了互联网内容收费的先河。1997 年 1 月，《华尔街日报》网站设立付费墙，成为美国主流大报网站在内容收费方面的先驱，并在随后一年多的时间里赢得 20 多万订户。《华尔街日报》网站一直采用硬付费墙模式（hard paywall），至 2007 年，该报网站数字内容订户已逾百万。美国读者的付费习惯已经培养起来。

北京大学胡泳在回答"付费墙"在中国的适用性问题时说："很大的问题是中国许多人一向不尊重版权，对知识的尊重程度低。当然也不是完全没有希望，小额收费成功的可能性是存在的，随着大家对知识和版权的尊重有更多的认识。微支付的核心是有没有足够大的规模。"一语道破中国人"一向"的习惯。

若要说中国早期收费习惯的培养，QQ 和杀毒软件是绕不过去的。2001 年 7 月，移动 QQ 的用户数达到了 180 万，业务量占到了所有移动梦网应用服务的第一位。在之后的日子里，通过 QQ 会员等增值服务、正版杀毒软件、网络游戏、收费邮箱等得到了庞大的付费用户群。但十几年过去，中国网民依然不喜欢付费。因此，相比于美国，中国的大环境更适合出现像克里斯·安德森的《免费：商业的未来》这样的书，因为中国的互联网产业的"免费"基因与生俱来。

三、免费：互联网必由之路

一个觉得没必要打，一个不愿意挨，因而免费必然是互联网商业的未来。

2006 年，出任奇虎 360 科技公司董事长的周鸿祎，宣布 360 杀毒"永久免费"，因而击败了卡巴斯基、瑞星等收费杀毒软件，使 360 迅速成长为中国最大的互联网安全服务提供商。他说："在过去十多年里，全球互联网几乎没有出现过一上来就收费并获得成功的案例。可以说，用免费的产品和服务去吸引客户，然后再用增值服务或其他产品收费，已经成为互联网公司的普遍成长规律。基础服务，就该免费；免费，没有回头路。"

淘宝和易趣的殊途同归便是实例。淘宝从 2003 年上线便宣布免费，而易趣这一家 1998 年就上线的国内首家收费 C2C 网站，在经过若干年的收费探索后，也转向全平台免费使用的模式。从易趣和淘宝网的争战中可以看出，一方是收费模式被迫向免费转变，另一方则是后来者居上，从免费的有利局面逐渐向收费的方向发展，而市场份额就在两个不同模式下此消彼长，2005 年淘宝的市场份额就超过了易趣。免费模式打败了收费模式，而免费模式最终成为收费服务项目的平台，这就是互联网行业免费的威力。 免费是互联网商业的未来。

回到周鸿祎的市场策略，其实，他践行的正是《免费》中的第三种商业模式：免费加收费模式（见下图）。

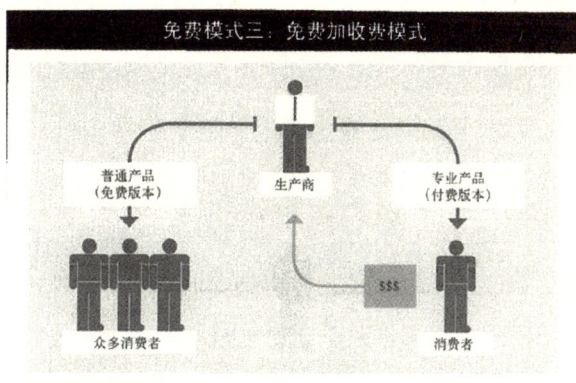

克里斯·安德森在书中提到一个"5%定律"。 对数字化产品而言，免费和付费的比例刚好颠倒过来。 通常而言，一家网站会遵循"5%定律"，也就是说5%的付费用户是网站所有收入的来源。 免费加收费模式，意味着在20个用户中，只要有1个是付费用户就能提供足以支撑其他19个接近于零成本的基础用户的消费。 周鸿祎的360正是如此，以免费的基础服务赢得杀毒软件市场的大部分天下，积累巨大的用户基数；然后推出高级服务，从5%的付费用户那里赢利，得用户者得天下。 360如此，QQ、淘宝亦如此。 如果《免费》一书以中国为背景来撰写，以上案例必定会让此书更精彩。

四、免费：实质是补贴

读罢此书，我认为虽然它以"免费：商业的未来"为标题，但"免费"只是它的一个噱头或者是互联网商业经济特色的一个放大，其实质内容应该是"补贴"。 从宏观上看，互联网经济的"免费"是由大量直接或间接的补贴造就的。

我们无法否认我们收听、收看的大量广播电视节目是免费的，我们使用的社交网络是免费的，我们下载的各种手机应用软件是免费的，我们看到的广告也是免费的。可以说，我们在免费的世界里畅行无阻。

其实，我们在付费。我们出卖我们的时间、注意力、影响力、朋友关系、兴趣爱好等才换来了这些服务。免费其实是看不见的收费，是非货币形式的收费。

免费意味着更多的服务，却也意味着更少的隐私，甚至于我们的手机应用和电脑浏览器比我们自己更了解自己。媒介平台上的免费是多种模式的结合：三方市场、非货币市场和免费加收费模式等。二次售卖理论反映了典型的三方市场，广播电台的免费节目实际上是以听众购买广告商的产品来兑现的；而我们的博客、微博、朋友圈则是采用注意力经济和声誉经济的非货币形式的收费；微博会员、微信公号会员则是通过免费加收费的模式给不同的受众提供个性化的服务。

免费为什么这么诱人呢？因为免费能够让我们的情感迅速充电，让我们感觉到免费给我们的东西实际上要比它本身值钱得多，这让我们乐此不疲地沉溺在互联网中。殊不知，我们是在进行交换——商品经济的目的欲盖弥彰。而是否等价，就值得进行更多的考量了。

网络时代的政府能否监管涌动的民意？

——读《我们的防火墙：网络时代的表达与监管》

■林 冉[①]

　　说到互联网，不得不谈及所有中国网民都了解的中国式网络管理制度与体系。虽然这是一个在互联网领域无法规避的问题，尽管这一制度已经深深嵌入互联网的发展脉络，但就目前我们能够查阅到的资料来看，对其能够进行客观剖析与研究的著作少之又少。不知是不是很多研究者认为这一问题太过敏感，又存在太多禁区，是个不太适宜研究的冷门话题。有鉴于此，《我们的防火墙：网络时代的表达与监管》才显得更有意义、更加独特。

　　本书作者李永刚先生是南京大学一位做政策研究的学者，他在国内算是较早一批研究网络政治的人。顾名思义，本书关注的是互联网时代的民意表达与政府监管，书中用大量的篇幅从政策研究的视野去切入中国的互联网政治。值得一提的是，它并没有猛烈批判中国的防火墙制度，而是试图从客观的角度去理解当前互联网监管的处境。通过研究书中涉及的政府部门对互联网的相关管理政策法规以及相关部门的运作、互动关系，更是可以窥视出中国政府运作的方式。

　　本书最开始简单介绍了互联网发展的整个脉络走向，指出互

---

① 暨南大学新闻与传播学院 2013 级新闻与传播硕士。

联网的出现对人们现有社会秩序的消解。 人类社会先前由电话公司、出版社、报刊等建构起来的人工秩序被某种无组织、无目的、无计划的"自生秩序"所取代。

一个不可否认的事实越发明显：近几年，中国所有的民间舆论走向似乎都是由互联网主导，这种现象在以微博为首的社交媒体出现后愈演愈烈。 书中回顾了一些事件，比如，2008 年到 2009 年间被网友誉为"中国武林三大顶尖绝学"的"打酱油"、"俯卧撑"、"躲猫猫"三个词，直到今天还在被广泛使用。 互联网每时每刻都会产生巨大的信息洪流，除非有特定的权力与资本的推动，否则单纯的意见表达很难走入公众视野并大规模地传播，多数情况都被淹没在信息洪流中。 这三个词的走红正是这一规则的体现。

针对这一案例，书中还解释了这三个词被选中传播并走红的原因。 个案分析的结论是，可能是弥漫在民间社会的怨恨情结，才使这三个词得以传播扩散。 中国改革在积累物质成就的同时，也激化了社会的多层面紧张与冲突。 群体的怨恨是一种特殊的情感体验，它无力或无法跨越因比较而产生的差异鸿沟，只能在隐忍中持续地积蓄怨意。 要想舒缓怨恨、紧张，聚焦此类事件并完成一次"想象的报复"就是一种廉价的精神胜利法。

这就是网络事件的游戏规则，它不仅将民众卷入其中，而且将民众情绪调至高涨状态。 面对这种情况，政府又该有什么样的应对策略呢？ 作者认为，在过去的几年中，政府刚柔并济，一方面加强了对网络民意的重视与回应，一方面加强了对网络的监管。 书中指出，接纳民意与控制舆论一并呈现，才是这个转型时期政府行为的常见选择。 此处，书中用了一个十分形象的比喻来形容政府与民意之间的微妙关系，特摘录如下："如果将民意比喻为水坝，那么，政府的首要目标是保护大坝，防止溃堤。 在水位居高不下时，对优质堤段（国家媒体）以纪律约束严防死守，对外包堤段（商业门户）靠利益制衡要求配合，对零散工程（民间社会）则选择性应对。 面对议题认同度较高（如奥运、反藏独）的有利时机，还要把握时间，及时开闸泄洪。"

随后，李永刚先生对 2009 年之前中国政府互联网管理的整个历程进行了梳理，并提出了中国政府在管理政策上的一些思路。他指出，在互联网早期，政府一度被它的"虚拟"和"数字化"迷惑，耗费了不少精力去追踪飘忽不定的网站和网民，但发现这其实并没有什么效果。而后，当政府明白了"虚拟"仅仅是一种幻想，而"真实"才是本质时，对互联网的监管思路就豁然开朗了。显然，之前的状况是匿名人在暗，政府在明；既然政府无法隐藏自己的身份，那么，实施实名制则是最有效的途径。有鉴于此，从 BBS 的 IP 地址登记备份制度，到网吧凭身份证上网的规定，再到现在的社交媒体实名制，政府的监管措施正一步步地完善。难能可贵的是，李永刚先生作为国内知名的政策研究学者，虽未着重从技术角度解读互联网的监管问题，但书中对这一领域的相关内容并未回避，书中提到了各种互联网的检测手段，比如，国家入口网管的 IP 地址阻断，由于每个网站都对应一个 IP 地址，阻断后网站无法正常访问。

到今天，中国政府的互联网管理已经在过去的十多年中取得了技术上的巨大进步，当然，在法律法规的建设方面也取得了一定的成效，中国曾一度被认为可能是在互联网领域订立法规最多的国家。尽管如此，中国互联网的监管仍会时常出现问题。书中明确提出，互联网内容监管政策的中国特色存在问题，比如，多数国家进行的网络审查采取事后追惩的模式，通常不做预先审查，违法行为发生后再通过法律方式予以追究。但在中国，遇到链接被重置，网民常常弄不清楚是电脑问题，还是审查的效用，或是 ISP 自行确定了过滤规则。

除此之外，在内容监管方面还存在一个问题就是：依据法规典则，在当下中国，法律、法规禁止的网络内容和网络行为共计 14 条，但它们很难落实，因为这些规则的标准比较模糊。对于很多禁区，如果不能自我审查，就要依靠监管机构不断发公文，这样做不仅会增加行政成本，还会导致另一个问题，即我们如何判断某个网站是否会突然被屏蔽。如果这种情况出现，那么屏蔽原因是什么？屏蔽的部门是什么？屏蔽理由是什么？这些我们都无从回答。在 2004 年确认的分工体制中，可以介入互联网管理的部门和机构包括国家信息化领导小组办公室、中共中央宣传部、国务院新闻办公室、信息产业部、文化部、国家广电总局、国家新闻出版署、教育部、公安部、安全部、国家保密局，甚至国家发改委和国家工商总局、国务院法制办也承担部分职能。

在互联网管理方面，从政府的行为常常能够看出对监管权力的两种态度：一是对权力效用的高度迷恋，这种态度认为只要政府出面就一定能够管好，是对权力的高度自信；二是对民间自治的普遍怀疑，这种态度认为民间不好管，但不管就一定会乱，监管的封条不可撕开，这是对权力的一种自卑。这两者都必然推导出这样的监管逻辑——既然能管好，当然要管；既然不管就乱，那么还是要管。但这里面会涉及行政成本的浪费、制度冗余等问题。此外，政府管理部门过多是一个不容忽视的问题，因为从中央到地方的多个层级都介入了网络管理。从经济学理论的角度看，政府的管制偏好与监管的寻租可能，也许是按照部门与地方的另一种行动逻辑。当部门与地方有权设定互联网运营市场和信息发布的准入门槛时，可能诱导企业向权力"抛媚眼"，以便实施不正当竞争……

在这样的一个信息时代，网络监管成为一种必然，但这并非只是政府的事。李永刚先生曾提到，互联网与网民的自律和互联网的安全等，这绝不只是政府的行为，而是一种全民参与的运动，这个运动就是监管互联网。试图从各个方面进行剖析并好好控制它，让它至少能够在意见表达正常的条件下，发挥互联网的最大作用，这才是网络监管的真正意义所在。

研究动向

苹果创新模式：从封闭终端到开放平台

——论苹果公司应用商店的音视频服务模式

■ 付玉辉①

互联网的本质就是开放和创新。 如果将来互联网失去了开放和创新的特性，那么互联网的发展进程就算走到了尽头。 从历史的维度米看，互联网在全球范围内，推动了信息传播等各相关领域的创新发展。 而移动互联网的发展又显著地推进了互联网开放创新的进程。

一、苹果发展之路：从硬件思维到平台思维

创新者，将获得新的发展空间；创新者，将获得可持续的未来。 纵观苹果公司的发展之路，可以看到，苹果公司走出了一条从硬件思维到平台思维、从硬件核心到互联网核心的开放创新之路。 成立于 1976 年 4 月 1 日的美国苹果公司目前已成为互联网时代的一家极为重要的互联网公司。 当然，苹果公司也并非一开始就占据了互联网开放、创新空间的最佳位置，其所具有的开放、创新的互联网基因是在互联网发展进程中不断积累、不断优化而得以传承的。

2013 年 1 月 7 日，苹果公司宣布其 iOS 应用商店 App Store

① 中国传媒大学广播电视研究中心特约研究员，中国联通集团综合部新闻宣传处副处长/高级编辑，暨南大学新闻与传播学院硕士研究生专业导师，传播学博士、博士后。

（Application Store）的应用程序下载总量已经超过 400 亿，仅 2012 年的应用下载量就达到了 200 亿。截至 2012 年年底，App Store 已在 155 个国家和地区登陆。苹果 App Store 的活跃账户数量已经超过 5 亿，2012 年 12 月，App Store 创下了 20 亿下载量的纪录。截至 2012 年年底，App Store 中的应用总量已经超过了 77.5 万个，其中适用于 iPad 的应用程序超过 30 万个。2012 年，开发商们获得的收入超过了 70 亿美元。① 2013 年 3 月，市场研究公司 ABI Research 发布最新数据称，全球应用经济的整体规模将在 2013 年达到 250 亿美元，其中 35%（即 88 亿美元）将来自平板电脑应用，65%（即 164 亿美元）则将来自智能手机应用。ABI Research 报告同时指出，在全球整体应用经济中，苹果所占份额将会达到 65%。② 正是由于顺应了互联网创新发展的规律，苹果公司才能够脱离对计算机硬件运营的依赖，从而不断地走向开放、创新的互联网传播平台，并获得了一系列的成功。

2013 年 2 月 4 日，据 StatCounter 的数据显示，2013 年 1 月，在全球移动互联网使用率方面，苹果首次超过诺基亚，位居第一。StatCounter 通过自己的网络，分析了每月达到 150 亿浏览量的页面（PV，page view），它们来自超过 300 万个网站。根据报告，苹果在全球移动互联网的使用率上排名第一，份额为 25.86%，该数据覆盖智能手机、iPod Touch，但没有考虑平板。③ 没有互联网的出现，就不会诞生苹果公司这种互联网公司，苹果公司也不能取得今天的成功，而苹果公司运营模式的成功则和开放、创新的互联网精神密切相关。

---

① 天极软件：《苹果宣布 App Store 应用下载总量超过 400 亿》，天极网，http://soft.yesky.com/mobile/110/34406610.shtml，2013 年 1 月 9 日。

② 腾讯科技：《分析称今年苹果在全球应用经济中占比将达 65%》，网易手机，http://mobile.163.com/13/0313/07/8PR206OK0011665S.html，2013 年 3 月 13 日。

③ 搜狐 IT：《移动互联网使用率份额：苹果首超诺基亚居第一》，http://it.sohu.com/20130204/n365537789.shtml，2013 年 2 月 4 日。

（一）苹果发展模式：从封闭的硬件思维走向开放的平台思维

美国苹果公司运营模式形成的内在原因主要在于，其逐渐认识到，以传统的计算机硬件设施为核心来构建运营模式是没有出路的。只有脱离对传统计算机硬件设施的技术依赖，并专注于在互联网领域进行应用和服务的转型，才能把握信息传播产业的前进方向。

在此理念的指导下，美国苹果公司将创新点集中在两个方面，一是将用户锁定在具有互联网创新特性的移动智能终端上，二是将用户锁定在服务于移动智能终端平台的软件应用上。从目前的发展形势来看，正是这两个基于互联网创新平台的双重锁定，才使得苹果公司在移动互联网领域取得了令人瞩目的成功。一旦双重锁定之中的任何一个失去了锁定的力量，那么苹果公司的创新优势将面临衰退的危险。苹果公司的运营模式并不是将开放与封闭割裂开来。因为要保持移动智能终端传播平台的创新优势和竞争力，所以苹果公司对于应用商店的管理是封闭的。这种封闭式管理有其合理性，苹果公司的运营模式并不是前互联网时代的封闭运营模式，而是基于互联网开放平台的封闭管理模式。如果没有互联网的开放平台，苹果公司的封闭式管理模式也将失去生命力。

平台思维使得苹果公司从互联网的边缘位置走到了核心位置。只有将所有的应用与服务放置在互联网乃至移动互联网的传播平台之上，一个现代化互联网公司的发展空间才能够得到前所有未有的拓展。苹果公司的运营进程正是遵循了这一重要的发展规律，从而为它的发展带来了强劲的动力。

（二）苹果智能终端：移动互联网应用和移动智能终端的融合效应

在移动互联网的传播环境下，作为传播主体或最活跃因素的人的主体性得到了前所未有的张扬。围绕移动智能终端用户的各种传播需求，具有创新属性的移动互联网应用大量涌现，从而为移动互联网的发展提供了重要的内在推动力。2001 年，苹果公司推出 iPod 数码音乐随身听; 2007 年, 史蒂夫·乔布斯在 Mac World 上发布了 iPhone 与 iPod touch; 2008 年 7 月 11 日, 苹果公司推出 iPhone 3G; 2010 年 4 月 3 日, 苹果公司推出 iPad 系列产品 (3G、Wi-Fi + 3G); 2012 年 4 月, 苹果公司以超过 5 200 亿美元的市值稳坐世界第一的位置; 2012 年 9 月 13 日凌晨, 苹果公司正式发布新一代产品 iPhone 5 和新的 iPod touch、iPod nano。由此可见, 苹果公司专注于移动智能终端的创新发展, 沿着 iPod、iPhone、iPad 的产品方向不断创新, 从而在移动智能终端方面积累了具有差异性的创新优势。

移动互联网应用之所以在信息传播的产业领域兴起并产生非常广泛的影响, 主要在于这种应用本身已经成为移动智能终端传播平台不可或缺的构成部分, 成为移动智能终端传播平台的内在构成要素。 如果没有移动应用商店模式的兴起, 那么, 移动智能终端本身的价值将大打折扣, 它将只是一个华丽的空壳而没有丰富的内容。 只有将华丽的硬件和充满人性化的应用融合在一起, 移动智能终端才能在移动互联网发展阶段产生强大的影响力。

在移动互联网的发展阶段, 移动智能终端已经成为一个天然的信息传播、融合的平台, 一方面, 它将硬件和服务更为充分地融合在一起, 另外一方面, 它推动了移动互联网用户和移动互联网本身的融合。 正是这两种类型的融合——软硬融合、人网融合, 才使得移动智能终端在移动互联网传播进程中具备了前所未有的重要意义。 当然, 移动智能终端和移动互联网用户之间也是相互倚重的关系, 也就是说, 移动智能终端为移动互联网用户的传播主体性的张扬提供了新的可能, 而移动互联网用户在创造内容方面的巨大动力也使得移动智能终端的位置显得越发重要。

二、应用商店: 苹果音视频服务的核心要素

(一) iTunes 应用模式的意义

iTunes 是一种可用于 Mac 或 Windows 的数字媒体播放应用程序, 支持数字音频和视频文件的购买、下载和播放。 iTunes 10

是 iTunes 的最新版本，iTunes 和 iTunes Store 集成在一起，iTunes Store 包括 App Store 和 iBookstore。 App Store 允许用户寻找和下载应用软件，iBookstore 则提供电子书。 用户可以通过 Mac、基于 Windows 应用的电脑，或通过 iOS 设备接入 App Store。 用户可以通过其 iOS 设备上的 iBooks 应用软件接入 iBookstore。

随着苹果公司影响力的不断提升，人们对 iTunes 应用模式越来越熟悉。 iTunes 是苹果公司在 2001 年 1 月 10 日于旧金山的数字世界博览会（Macworld Expo）推出的一款数字媒体播放的应用程序，是一款供苹果终端使用的免费应用软件，具有管理和播放数字音乐和视频的功能。 据媒体报道，经历 8 年的抗争之后，娱乐产业巨头索尼终于向苹果公司屈服，将其音乐作品开放给 iTunes 商店。 据日本经济新闻确认，从 2012 年 11 月 8 日开始，索尼音乐娱乐公司向 iTunes 提供日本艺人的音乐。 而在此前八年，由于 iPod 和 Walkman 构成了竞争，索尼一直拒绝向苹果公司开放其音乐作品。① 这个例子说明苹果公司 iTunes 商店有着重要的市场地位，而这种市场地位的取得主要得益于其在移动互联网传播领域持续不断的创新进程。

iTunes 数字媒体播放应用程序首先是作为一种应用软件而出现的。 它为苹果公司的 Mac、PC、iPad、iPhone、iPod、Apple TV 等产品提供音乐、电影、电视等各种音、视频的服务。② 伴随着苹果公司移动智能终端的不断升级换代，iTunes 应用程序也在不断推出新的版本。 2012 年 11 月 29 日，苹果公司推出 iTunes 11，在 2012 年，iTunes 11 的发布又成为人们关注的热点，苹果 PC 用户可在苹果官方网站下载，Mac 用户则可通过 Mac App Store 应用商店进行更新。 iTunes 11 重新设计了用户界面并集成了 iCloud，这是自十年前苹果推出 iTunes 以来的最大更新。③ 由于

---

① 焦莹:《索尼旗下音乐作品日前正式在苹果 iTunes 上架》，中国广播网，http://china.cnr.cn/ygxw/201211/t20121110_511328129.shtml，2012 年 11 月 10 日。

② What is iTunes，http://www.apple.com/itunes/what – is/.

③ 唐风:《苹果推出 iTunes 11：十年来最大更新》，新浪科技，http://tech.sina.com.cn/it/m/2012 – 11 – 30/02077844110.shtml，2012 年 11 月 30 日。

移动智能终端的一个重要功能就是对音乐的消费，因此，iTunes 应用程序已成为苹果公司用户消费音乐内容的一个重要入口。

（二）iTunes 商店在苹果移动音视频服务价值链中的作用

iTunes 商店的市场价值主要在于其为移动智能终端用户提供了音乐内容选择的个性化空间。 如果没有 iTunes 商店的支撑，用户在音乐消费方面的积极性就会受到抑制。 而开放性音乐产品平台的构建，有利于为用户最大限度地定制个性化的音乐消费环境。 当然，iTunes 应用也面临发展方向的选择。 据 2012 年 11 月 13 日的消息，苹果联合创始人认为 iTunes 应发布微软手机操作系统 Windows Phone 版。 2001 年，iTunes 最先在 Mac OS 平台发布。 2003 年，苹果发布了针对 Windows 平台的 iTunes。 其后除了在 iOS 中自带的 iTunes 之外，iTunes 没有针对其他平台发布过。 而苹果联合创始人史蒂夫·沃兹尼克（Steve Wozniak）认为苹果应该把 iTunes 扩展到其他平台上。[①] 这说明苹果公司在享用其创新的成果的同时，并不具有极其强烈的将这种创新优势扩展到其他平台的内在动力。

从传播学角度来看，iTunes 商店模式成功的根本在于，通过移动智能终端和移动互联网，为个性化的音频需求提供了前所未有的共享空间。 这种模式使得移动智能终端用户的主体性在移动互联网的传播空间中得到了进一步提升。 所谓移动智能终端用户的个性化偏好就是更倾向于在移动化、个性化、智能化、社会化的传播环境中确定自我的互联网消费决策和进行互联网服务体验，而 iTunes 传播模式则体现着"点上突破、线上融合"的特征。 所谓"点上突破"就是指在音乐消费和图片传播方面，极大限度地提高移动智能终端的应用创新水平；所谓"线上融合"就是指将音乐消费和图片传播的创新优势叠加在具有融合特性的移动智能终端平台之上，更为积极主动地把握产业链资源整合的主动权，从而更好地满足移动智能终端用户的个性化偏好和需求。

---

① 雪曼：《苹果联合创始人：希望 iTunes 兼容 Android 设备》，凤凰网，http://tech. ifeng. com/telecom/detail _2012 _10/03/18042025 _0. shtml，2012 年 10 月 3 日。

三、苹果音视频应用的商业模式

2008 年 7 月 11 日，苹果公司 App Store 正式上线。 App Store 是苹果公司为 iPhone、iPod Touch、iPad 以及 Mac 提供的一种以应用商店的形式呈现的软件应用服务，它允许苹果用户从 iTunes Store 或 Mac App Store 浏览和下载为苹果终端用户开发的应用程序。 有观点认为："苹果应用商店成功的关键是 iTunes。 iOS 设备的用户可以轻松地通过 iTunes 搜索和下载应用程序，并同步到用户的设备上，而其他公司的应用商店都不具有类似的管理软件。"[①]因此，这种以移动智能终端为核心来提供的应用软件的平台成为苹果公司运营模式的一大亮点。

（一）App Store 的音频传播类型分析

（1）独立性音视频。

有观点认为："随着功能单一的同质化产品饱和，个性化需求与集中式开发成为移动互联网的突出矛盾，为此，需要区分应用与平台进行发展。 这成为 App Store 产生的第一个根据。"[②]而苹果公司在移动智能终端平台上的音视频服务则是这种尝试的一个成功案例。 所谓的 App Store 音视频传播的独立性，主要是指该传播类型为了适应移动智能终端的传播特性而具有的专用性特征。 比如，各种有声读物或音乐类型的应用所具有的功能只是供用户本人使用，而不是为了和更多人进行分享。

（2）社会化音视频。

2013 年 2 月 28 日，苹果公司宣布，其 iTunes U ® 产品的下载量已经达到 10 亿次。 iTunes U 是世界上最大的来自一流大学、图书馆、博物馆和组织的免费的教育资源在线目录，它可以

---

① 小山：《苹果 App Store 应用商店成功的秘诀》，搜狐 IT，http://it.sohu.com/20110126/n279094879.shtml，2011 年 1 月 26 日。

② 姜奇平：《App Store 的经济学》，《互联网周刊》，2011 年第 9 期，第 34 页。

帮助教育工作者为遍布世界的 iOS 用户生成各种教育形式。① 由此可见，基于苹果移动智能终端的视频传播是在优质内容的基础上进行的。 App Store 音视频传播的社会化，主要是指该传播类型的主要功能是为了便于用户进行社会交往。 比如，在微信平台的朋友圈中就可以分享 QQ 音乐。 而对于微博客户端而言，在其应用平台上分享音视频内容已经成为一项重要的社会交往活动。 社会化的分享会带来许多社会化内容的兴盛，这本身又成为用户内容创造的一个重要诱因。 这说明在移动互联网的社会化趋势之下，社会化应用将成为用户的一个核心选择。

（二）App Store 传播模式的创新性与危机感

（1）创新的价值体现于所附加的增值服务。

对于苹果公司而言，其运营模式已经成功地将纯粹、单一功能的信息传播终端打造为具有丰富的附加增值服务的信息传播与融合的服务平台。 正如前文所述，App Store 传播模式的成功在于其将移动智能终端的移动性（物质属性）和智能化（服务属性）完美地结合在一起，将移动智能终端的硬件优势和传播平台的服务优势更为深刻地结合在一起。 而这种融合创新的直接结果是在移动互联网传播环境下最大限度地解放了固定互联网发展阶段对用户的束缚，从而使他们获得前所未有的传播空间和传播自由。

（2）创新者危机诞生于平台弱化和应用衰退。

移动互联网时代的创新表面看来是风光无限的，但是创新的发展历程又充满了竞争的残酷和无情。 对此，可以用一句话来概括：“创新最是无情物，新陈代谢无始终。”正如没有永远的新媒体一样，在信息传播领域也很难找到永远的创新者。 在移动互联网发展的现阶段，苹果公司依托于移动互联网，获得了长足的发展。 但是对于苹果公司而言，创新所带来的红利也不是可以永远享用的。 它的危机将出现于这种创新进程中断之际，

---

① iTunes U Content Tops One Billion Downloads, http://www.apple.com/pr/library/2013/02/28iTunes – U – Content – Tops – One – Billion – Downloads. html，2013 年 2 月 28 日。

不管是移动智能终端核心平台地位的弱化，还是其应用服务体系功能的衰退，都会给苹果公司的创新进程带来至关重要的影响。因此，在移动互联网创新的路上，领跑者的压力是最大的，要应对这种压力和潜在的危机，就必须保持开放和创新的移动互联网的特质。

四、结语：苹果公司移动智能传播模式的启示

移动通信方式和移动互联网的发展，为移动智能终端模式的变迁带来了革命性的变化。这种变化主要表现为移动终端从单一的语音传播平台转化为多元服务的传播平台。目前，移动性、开放性、智能化、人性化、社会化等传播特征的融合发展，使得移动互联网传播的社会化趋势越来越明显。在此基础之上，微博、微信、云计算传播及物联网传播才得以更为快速和广泛地发展。移动互联网时代的社会化趋势的发展将影响到未来的社会秩序和社会结构的变迁。这一点值得移动互联网传播领域的研究者高度关注。总而言之，美国苹果公司的运营模式选择了一条从注重硬件设备的非互联网化的单一创新，转型到重视硬件设备和平台服务的互联网化的融合创新道路。

2012年10月31日，苹果公司发布的年报称：苹果公司专注于通过创新性的硬件、软件、外围设备和服务来为其客户带来最好的用户体验。苹果公司的商业战略将其单一的设计能力发展为向用户提供具有超级易用、无缝融合、创新设计特征的新的产品和解决方案的开放系统、硬件、应用软件和服务。作为苹果公司战略的一部分，公司通过 iTunes Store，持续发展以发现和传播第三方数字内容和应用为目的的平台。作为 iTunes Store 的一部分，苹果公司的 App Store 和 iBookstore 允许用户通过 Mac、基于 Windows 的计算机，通过 iPhone、iPad 和 iPod touch 等 iOS 设备发现、下载应用和书籍。Mac App Store 允许客户发现、下载和安装 Mac 应用。苹果公司也支持作为公司所提供产品和服务补

充的第三方软件和硬件产品以及数字内容的发展。[①] 由此可见，正是基于这种开放发展和融合创新模式的实践，苹果公司才在竞争激烈的移动互联网传播领域获得空前的成功。 这种成功一方面为其他信息传播的运营者提供了宝贵的经验，另一方面也为美国苹果公司未来的发展确立了一个不可违背的核心原则。 如果苹果公司有一天违背了这种基于互联网开放平台的融合创新模式，那么它也会因此而失去开放和创新的光彩和魅力。

---

① Apple Inc_ – Annual Report, investor. apple. com, http：//investor. apple. com/secfiling. cfm？ filingID = 1193125 – 12 – 444068。

公共广播电视的光荣与梦想：
BBC 的历史、困境与策略

■ 常 江① 王晓培②

英国广播公司（British Broadcasting Corporation，以下简称BBC）是全球闻名的公共广播电视公司，由英国政府资助，但独立运作，其运营活动由监管委员会负责，并由皇家宪章保障和监督。目前，BBC 是世界上历史最悠久的全国性广播机构，同时也是规模最大的广播电视公司之一。

在英国本土，BBC 主要的经济来源是向全英国全部拥有可接收电视信号的家庭、企业和组织收取电视执照费用。其费用额度每年由英国政府规定并经由议会批准通过。目前的执照费标准从 2010 年 4 月 1 日起实施，彩色电视是 145.5 英镑，黑白电视是 49 英镑。对于 75 岁以上的老年人、经济困难和残疾人士则有不同程度的减免。

在英国之外，BBC 世界服务（BBC World Service）通过直接报道和转播 BBC 国内服务的广播、电视和网站内容来实现其运营。虽然世界服务与国内共享一些设备（尤其在新闻和时政方面），但世界服务有相对独立的组织结构，其运营经费曾大部分来自英国政府的直接拨款。BBC 的世界服务曾被认为是英国政府的一个有效的外交政策工具。

除了收取执照费和世界服务的津贴，BBC 还通过其全资子公司 BBC 环球公司（BBC Worldwide）的商业行为，包括节目和节

---

① 中国人民大学新闻学院讲师、视听传播研究所研究员。
② 中国人民大学新闻学院研究生。

目模式的销售来赚取利润。另一全资商业子公司 BBC 工作室与后期制作公司（BBC Studios and Post Production Ltd）则通过节目制作服务来获取收益。

一、BBC 的建立

1922 年 10 月 14 日，英国邮政总局（British General Post Office）联合六家电信公司 [Marconi，Radio Communication Company，Metropolitan-Vickers（MetroVick），General Electric，Western Electric 和 British Thomson-Houston（BTH）] 成立了私营性质的英国广播有限责任公司（British Broadcasting Company Ltd）。1922 年 11 月 14 日，私营 BBC 在伦敦 2LO 站点第一次进行广播，一天之后，伯明翰的 5IT 和曼彻斯特的 2ZY 站点也投入服务。私营 BBC 是全世界第一家全国性质的广播机构，约翰·里思为第一任总经理。1927 年私营 BBC 转变成公共性质的英国广播公司（British Broadcasting Corporation）。

一开始，私营 BBC 的发展并不顺利。为避免与报纸的竞争，政府规定 BBC 在晚上 7 点之前不许播放新闻节目，并且没有授予 BBC 进行新闻采访的权力——只能使用通讯社的稿件。私营的 BBC 是商业组织，以赢利为目的，邮政局专门组建了赛克斯委员会（Sykes Committee）对公司的财政状况进行调查、研究。塞克斯委员会拒绝通过做广告的形式来宣传，他们觉得这样会降低 BBC 的档次。委员会还建议 BBC 通过收取 10 先令（约 50 便士）的收视费来获取利润。但邮政总局不愿意出于商业目的来收取执照费，BBC 的持续亏损让本想赚钱的无线制造商们纷纷萌生撤资的念头。[1]

1926 年的英国大罢工使报纸发行暂停，也使得官方此前对于新闻报道采访的限制暂时中止。BBC 在此次国家危机中采用平衡报道的方式，真实反映了罢工者和政府双方的观点，给广大听

---

[1] 参见 BBC 官方网站文章 *The Story of BBC Television*，http://www.bbc.co.uk/historyofthebbc/resources/tvhistory/index.shtml，2013 年 11 月 10 日。

众留下了极为深刻的印象。 1926 年末，政府接受了克劳福德委员会（Crawford Committee）的建议，约翰·里思被封爵。 1927年 1 月 1 日，英国广播公司依据皇家宪章成立，约翰·里思出任执行长。[1] 从此，BBC 由最开始的商业机构转变为公共公司，受政府的直接干预，其行为受到英国广播公司信托（BBC Trust）（替代之前理事会）的监督。 执行长由信托任命，负责公司的管理事务，既是总编辑也是执行委员会主席。

BBC 受皇家宪章的约束，皇家宪章规定了 BBC 的价值取向。第一版宪章于 1927 年 1 月 1 日生效，每 10 年更新一次，它考察 BBC 为公众服务的情况并确定其将要执行的政策。 现在的宪章是第八版，自 2007 年 1 月 1 日开始执行，于 2016 年 12 月 31 日到期。 2007 版宪章规定，公司的责任是"信息传播、教育和娱乐"（inform, educate and entertain）。 宪章称，BBC 存在的目的就是为公共利益服务，并推进公共目标：维护公民权利和公民社会，促进教育和学习，激发创造力和文化优越性。

二、BBC 的发展

1932 年，BBC 开始使用机电式系统播放试验性电视节目；1934 年，开始小范围公开播放定时节目；1936 年，正式开始大范围的电视服务（即现在的 BBC 电视）。

在"二战"期间（1939 年 9 月 1 日—1946 年 6 月 7 日），BBC 广播迎来了发展与扩张的"黄金时期"。 对战争进行公正、中立的报道，使得 BBC 赢得了大量的听众。 不论在前线还是后方，那时候的人们把 BBC 当作获取信息的生命线。 英国小说家乔治·奥威尔曾在 1944 年写道：我是在 BBC 上听到的（I heard it on the BBC.）有了一个新的含义——"我知道这一定是真的"（I know it must be true.）。[2] 而襁褓中的 BBC 电视广播则

---

[1] Crisell, Andrew, *An Introductory History of British Broadcasting*, Routledge. 1997, pp. 15 – 16.

[2] 参见 BBC 官方网站文章 *The BBC at War*, http://www.bbc.co.uk/historyofthebbc/resources/tvhistory/index.shtml, 2013 年 11 月 10 日。

在当时遭到停播：一是因为战时资源吃紧，电视成了普通人消费不起的奢侈品；二是由于唯一的电视信号发射器被用作了探测向伦敦靠近的敌军飞机的监测仪。

1955 年，BBC 在电视界的垄断地位被打破——独立运作的商业电视网络 ITV 加入了竞争。但是，BBC 因为高质量、大覆盖面的报道被皮金顿委员会（Pilkington Committee）大加赞赏，而 ITV 则因为节目质量不高而遭到批评。因此，在 1964 年，BBC 被奖励它可增加第二个电视频道：BBC2，原有的频道改名为 BBC1。从 1967 年 7 月 1 日开始，BBC2 开始播出彩色节目，至 1969 年 11 月 15 日，BBC1 和 ITV 也开始播放彩色节目。

BBC 在广播服务上的垄断直到 20 世纪 70 年代才被打破。从 1964 年开始，多家私有广播电台开播，使得英国政府最后不得不允许广播出现全国性广告。BBC 重组并重新命名了其广播频道，并创建了一系列地方电台。

由于 20 世纪 80 年代英国放松了对电视和广播市场的管制，为此 BBC 面临着日益激烈的竞争。20 世纪 80 年代后期，BBC 通过拆分和出售部分组织结构来实现资产分拆。20 世纪 90 年代，这一过程还在继续。为了能够通过节目制作产生额外的收入，BBC 将部分业务部门分隔成自治但仍属 BBC 全资的子公司。

2006 年，BBC 高清频道试验播出，2007 年 12 月正式开播。该频道高清并机播出 BBC1、BBC2、BBC3、BBC4 和一些以前的节目。2010 年，BBC1 HD 开播，该频道高清播出 BBC1 的所有节目。

新媒体时代的到来使传统广电媒体受到剧烈冲击。2007 年 10 月 18 日，为了适应不断收紧的财政，BBC 总裁马克·汤普森（Mark Thompson，时任 BBC 总裁，现任《纽约时报》总裁）公布了一个极具争议的计划——大幅削减 BBC 的组织规模。他计划将在 2012—2013 年减少电视节目制作经费的 10% 并减少大约 2 500 个职位。尽管工会极力反对，但是 BBC 坚持认为裁员对于帮助组织进步、提高节目质量至关重要。

2010 年 10 月，英国政府宣布将 BBC 的许可证费用"冻结"6 年，直到 2016 年新的宪章出台。2011 年 10 月，BBC 又宣布了进一步削减开支的 20% 的计划，包括进一步的裁员和人员迁移。
BBC 还大量出售设施，包括电视中心大楼等。 BBC 发布的
2012—2013 年度报告（BBC Full Financial Statements 2012/13）
称，其总收入约为 51.02 亿英镑。 其中，36.56 亿为执照费，
11.01 亿来自 BBC 的商业行为收入，2.7 亿来自政府补贴，剩下
的为其他收入。 总支出为 48.96 亿英镑，其中，电视和广播是支
出大项，分别占了总额的 50.5% 和 13.7%。 BBC 的财政情况仍
不十分理想。

不过值得一提的是，随着近两年新媒体平台的不断发展，在
新的传播环境下，BBC 敏锐地察觉到了变化，并逐渐探索出了一
套自己的新媒体体系。

三、新媒体时代的 BBC

新媒体平台将 BBC 媒介服务转化为商业经营收入，同时为
BBC 未来数字经营建立良好的开端。[①] 现在 BBC 新媒体平台包
括 BBC Online、BBC Mobile 和 BBC 互动电视。

BBC 是世界上最早建立网站的广播电视媒体之一。 1997 年
12 月，bbc.co.uk 网站发布，该网站是"BBC 在线"（BBC On-
line）的前身。 到 2013 年，BBC 在线作为门户性网站已运行了
16 年。 该网站不但成为 BBC 广播电视节目的后台资料库，同时
还向网民提供大量与节目相关的背景材料及延伸报道。[②]

BBC 数字互动电视，是 BBC 提供高质量的公共服务的新方
向。 英国政府计划于 2015 年实现全英广播电视的数字化。 其
前身是 1999 年 9 月推出的图文电视（BBC Text），它的出现为媒
介探索出了交互式电视的一种早期形式。

2001 年 11 月，BBC 建立了 BBCi，构想是希望融合当时 BBC
所有的电子交互式服务平台，包括电子文字电视广播、数字互动

---

① 唐莘：《"三网融合"背景下解读 BBC》，《中国记者》，2011 年
第 4 期。
② 张艳秋：《BBC 公共服务模式：挑战、传承与创新》，《电视研
究》，2011 年第 10 期。

电视和网站。 字母 "i" 既代表了 "交互" （ "interactivity" ），也代表着 "创新" （ "innovation" ）。 而三年之后，即 2004 年起，BBCi 却逐渐退出 BBC 的舞台。 2004 年 5 月，BBC 网站重新更名为 bbc. co. uk，BBCi 只包含互动电视服务。 2008 年末，BBCi 更名为 "BBC 红按钮" （BBC Red Button），提供数字互动电视服务。 数字互动电视服务的内容包括：音频、视频、图片和文字形式的最新的新闻资讯，以及教育、娱乐等服务内容，包括以多视框、双向互动的直播方式直播体育赛事、露天音乐会、全国大选这类政治性活动以及 iPlayer 的互联网服务。① 公众可以通过调节遥控器、机顶盒和界面上的红色按钮来选择功能。

2007 年 7 月 27 日，BBC 推出网络电视、广播播放平台 BBC iPlayer，让用户可以通过网页、电脑、手机客户端观看和下载喜欢的节目。 用字母 "i" 作前缀，被视为是 BBCi 品牌的一种延续。 iPlayer 的出现标志着 BBC 通过技术创新将传统媒体与新媒体整合在一起，"BBC 在线" 一改过去配角的地位，成为 BBC 三大媒介平台之一。②

随着信息技术的不断发展，传统媒体在全新的传播环境下也面临着新的变革与挑战。

原 BBC 新闻编辑部副总监凯文·贝克赫斯特在一次专访中说道："在这种改变下，新闻变成了全天候的、即时的、基于新媒体平台的、移动的。 现在，社交媒体成为改变新闻最有力的工具。 作为第一批加入互联网的 BBC 也很快发掘到了社交媒体的潜力，它也成为我们多媒体新闻编辑部重要的一部分。"

在凯文·贝克赫斯特看来，对于 BBC 来说，社交媒体目前有三个极为有价值的功能。 第一个是在新闻线索搜集方面。 社交网络帮助 BBC 搜集到更多、更好的资料，同时使他们能够快速地接触到更多的声音、想法和当事人。 第二个是社交媒体可以更好地帮助 BBC 与受众进行交流。 通过这一平台，他们可以倾听

① Crisell, Andrew: *An Introductory History of British Broadcasting*, Routledge, 1997, pp. 18 – 19.

② Crisell, Andrew: *An Introductory History of British Broadcasting*, Routledge, 1997, p. 22.

到不同受众的声音并与他们进行沟通，帮助 BBC 接触到与以往不同的、更加年轻的受众群体。另外，社交媒体也为其内容提供了一个新的展示平台。在这个平台上面，新闻作品以简洁、短小的方式进行全新展现，同时吸引了更多受众进入 BBC 的网站观看视频或收听广播。①

虽然社交媒体对于新闻工作有极大的价值，但是随着其在新闻工作中的广泛应用，也引发了不少问题。"社交媒体摧毁了许多传统媒体的根基。老实说，虽然我能够把现存的问题提出来，但是我并不认为我们能够回答这些问题"，凯文·贝克赫斯特说。

首先就是隐私问题。对于个体来说，隐私是否拥有界限？我们可以随意地讨论他人的财产情况、能力、家庭等等，因为它们都被公布在了推特和脸谱网（社交媒体）上了。这与如 BBC 一样的传统媒体极为不同。其次是匿名。人人都可以加入在线讨论，他们有的时候随意地进行指责和攻击。因为在互联网上没有显示真实的名字和身份，所以他们不必为自己在像网络这样的公开场合所讲事情的真实性、有效性和影响负责。因此，职业记者经常会在报道新闻故事的时候处于一个极为不平等的地位，因为他们的对手是看不见的。

四、BBC 的困境

第一，BBC 的公共广播电视体制受到商业体制的强烈冲击。BBC 作为世界上最大的公共广播电视公司，近年来因为体制问题导致其与政府、竞争环境的矛盾更为激烈。2000 年，英国政府发布《通信的新未来》白皮书，强调公共广播电视对于政府的积极意义，期望能够在激烈的媒体竞争中为 BBC 保留一席之地。

但 BBC 在新闻报道活动中独立于政府机构，不受政府控制和干扰，这就导致其在某些问题上可能会与政府的利益相悖。

---

① 凯文·贝克赫斯特、辛欣：《新媒体时代 BBC 新闻频道的发展策略——专访 BBC 原新闻编辑部副总监凯文·贝克赫斯特》，《国际新闻界》，2012 年第 12 期。

2004 年的"凯利事件"①使 BBC 和政府关系陷入极度恶劣的局面。 但是作为公共广播电视，在现在的经济环境下，如果失去政府的支持，BBC 很难继续生存。 并且，随着技术的发展，受众的注意力被其他娱乐方式分散。 三十年前，BBC 占了英国收视率的一半，但随着付费电视和免费多频道服务的发展，BBC 的收视率降到了三分之一以下。 面对逐渐减少的政府支持、正在流失的受众和越发激烈的竞争，BBC 只能通过不断提高收视率来保证自身的发展。 而在某些方面，为了能够提高收视率，其手段可能会与其作为公共广播电视所要肩负的社会责任相悖，不能够很好地履行公共服务的职责。 这就会使得 BBC 陷入恶性循环。

第二，BBC 正面临着媒体公信力的不断下降。 2007 年，BBC 播出的纪录片《与女王共度的一年》因存在严重的"剪辑问题"而使英女王形象受损，招致批评。 仅一个月后，BBC 又出现 4 起欺骗观众的事件，包括无视观众投票结果、虚构得奖者等，并因在《蓝色的彼得》等 6 个节目中造假，被罚款 5 万英镑。 2008 年，《每日邮报》报道 BBC 侵吞、扣留观众在电视节目评选中的慈善捐款约 10 万英镑。 2009 年，备受争议的"英国国家党"事件②又将 BBC 推到舆论的风口浪尖。③ 2012 年，已故前 BBC 著名主持人吉米·萨维尔性侵未成年人等一系列丑闻更是让 BBC 陷入了近段时间以来最严重的信任危机。 随着案件调查的深入，更多地细节被公布，人们发现 BBC 内部曾传染"性侵文化"，已有 29 名 BBC 员工因涉嫌不正当性行为而接受警方

---

① 据 BBC 记者安德鲁·吉利根的报道，英国政府可能授意对 2004 年 9 月发表的伊拉克武器报告进行夸大，加入了"萨达姆 45 分钟内即可部署生化武器"的说法。 被认为是吉利根报道的主要消息来源，曾长期参与联合国对伊武器核查的凯利在自己名字被国防部公开并接受英国议会有关委员会公开质询之后不久割腕身亡。

② BBC 邀请英国极右势力"英国国家党"主席格里芬参加其非常有影响力的政治节目《提问时间》，引发了舆论高潮。 节目录制和播出期间，近 500 名抗议民众直接聚集到 BBC 大楼前，与警察发生剧烈冲突。 英国舆论认为，"英国国家党"和 BBC 是这次事件的受益者，而无知的公众则是事件的受害者。

③ 李倩:《英国广播公司的体制困境——以"英国国家党"事件为例》，《新闻爱好者》，2010 年第 7 期。

调查。

使公众对 BBC 失望的原因不仅仅是其对于此种恶行的纵容与不作为，更让人失望的是 BBC 为了维护形象，试图掩盖这一丑闻。BBC 老牌新闻节目《新闻之夜》（Newsnight）曾对萨维尔涉嫌性侵少女的事件进行调查，原定于 2011 年 12 月播出，却在播出之前被取消。直到后来，英国独立电视台（ITV）在 2012 年 10 月 3 日播出了有关萨维尔的调查纪录片，公众才得知这一丑闻。

随后，BBC《新闻之夜》节目在报道一桩儿童性侵事件时又不恰当地影射一名政客①，引发了巨大的争议。英国《每日电讯报》评论称，《新闻之夜》急于涉足敏感的未成年人性侵类新闻调查节目，初衷是挽回声誉，结果却是再次搬起石头砸了自己的脚。时任 BBC 总裁乔治·恩特威斯尔先是出面道歉，承认是不实报道，随后在 2012 年 11 月 10 日于 BBC 总部大楼外辞职。当时，BBC 广播五台对 1 000 多名受众进行了民意调查，结果显示：47% 英国人认为 BBC 不值得信任，仍然信任 BBC 的占45%，而其余 8% 的人不表态。将近三分之二的被访者认为这宗丑闻将对 BBC 的声誉造成"持久伤害"。

第三，BBC 自身面临着严重的财务危机。BBC 自 2008 年全球经济危机以来，就已经开始出现危机。由于向民众收取的收视执照费标准被冻结 5 年，至 2015 年 BBC 可能要面临巨额亏损，而本来希望出售电视中心的大部分资产来弥补亏损的计划，又因为经济危机所致的房地产价格急速滑坡而搁置，因此 BBC 决定在今后五年不仅全球要裁员 15%，开支也要进一步缩减。②

---

① 2012 年 11 月 2 日晚，《新闻之夜》播出了关于批评威尔士一家调查机构的节目，该节目采访了史蒂夫·梅斯汉姆——一名虐童受害者。在谈到自己童年时候遭到性侵犯时，他提到了上世纪 80 年代，他曾在威尔士的一家儿童福利院内遭到保守党一名资深政治家的性侵犯。后来他又纠正说，在警方出示施虐者照片时，他认错了人。在没有作任何确认的情况下，节目就隐晦地暗示了该名资深政客的身份。保守党上议院议员麦卡尔平（Lord McAlpine）的名字在网上被广泛地与该案牵扯在一起，造成极坏的影响。麦卡尔平严正否认了此事，称"完全虚假和严重诽谤"。

② 王蕾：《BBC 的"异常挑战"》，《第一财经日报》，2012 年 11 月 13 日。

2008 年 11 月 12 日，马克·汤普森给 18 000 名员工统发邮件说明这一情况，在马克·汤普森离职前，他还公开承认，英国广播公司属下的很多机构已经到了"边缘状态"，没有任何空间作进一步削减。

部门被砍，频道节目被关，高管和明星主持人收入锐减，总裁的薪水减少也在所难免。恩特威斯尔在接替汤普森时，年薪是 45 万英镑，较汤普森的 80 万英镑下降了 40%。BBC 甚至考虑中止遍布世界各地的"全球服务"。

就在 2012 年，BBC 相继爆出前主播性侵、《新闻之夜》节目错误指控前保守党政治家性侵儿童的事件等一系列丑闻之后，BBC 主持人约翰·辛普森发表文章称，导致事件发生的直接原因很可能是大幅度地削减制作人员和经费。《新闻之夜》"节目预算每年都被砍"，目前的制片人人数是历史上最少的。事件当天播出的节目是外包给制作公司的，而这正是彭定康（Chris Patten）成为 BBC 信托委员会主席之后，希望通过节目外包来节约人力和制作成本的举措。"以前设有的主要负责日常节目审片的责任总裁一职，也随着整体削减计划的实施而被取消。"

第四，BBC 组织规模过于庞大，管理结构和方法不合理。"BBC 这个机构太大了"，前总裁恩特威斯尔在一次采访中说。BBC 的规模给公司自身带来了麻烦。臃肿的管理层意味着高层不清楚基层的人在干什么，同时也扼杀了创造力。BBC 的剧情片和喜剧片中很少有能称得上是世界一流的（最近大受欢迎的《唐顿庄园》是由英国独立电视台旗下的一家独立的美国广播电视公司出品的）。即使是在新闻方面，最近的一些大事如电话窃听事件和"报销门"也是由已经濒临破产的报纸揭露的，而不是 BBC 这家由国家资助的笨拙的"大块头"。编辑应该从事编辑工作，并对此负责，而非对督查官员负责。

约翰·辛普森表示："过度管理从八十年代开始就是存在于 BBC 内的毒瘤。"基于固定工资和森严层级制度的行政部门而建立起来的结构让 BBC 会出现这样滑稽的情景——几个高官离开如新闻部门这样的位置，马上可以有新人"无缝"上任，而不需要从外部重新聘用。

2013 年 2 月，BBC 记者展开 24 小时罢工来抗议公司强制裁员。BBC 广播和电视的一些节目被取消或缩短时间，还有一些节目被其他录播节目或资料取代。英国全国记者协会的一位代表盖拉格说：“这里有太多获得过高收入的高管，也有太多丧失了公共服务意识的人。”

五、BBC 的应对策略

面对来自各方面的危机，BBC 制定了相应的措施，以期在全新的全球传播态势和媒介环境下实现持续发展。①

第一，调整经营思路，拓宽资金来源。BBC 作为公共广播服务机构，资金主要来自于每年收取的执照费、部分的商业性收入与极少部分的政府资助。随着市场环境的严峻改变，BBC 不得不学着“用两条腿走路”。这并不是说要 BBC 放弃公共服务转而走商业化道路，而是试图在公共服务与市场策略之间寻求一条平衡的前进之路，将其公共责任与商业经营区分开来。虽然现在 BBC 也在尝试使用此方法来摆脱财政危机，但是进一步优化思路、扩展资金来源是必须的。

第二，进行全面、彻底的组织结构改革和企业化管理。彭定康在接受恩特威斯尔辞呈的同时，向媒体一再表示，英国广播公司需要进行深入彻底的改革，“BBC 必须确保所有的节目都有妥当的管理”，“BBC 必须进行全面、深入、结构性的革新”，“BBC 向所有支付收视执照费的民众保证 BBC 没有失控”。对于 BBC 最根本的解决方案可能是大幅度缩小企业的规模。适当的裁员有助于保持组织的活力和运作效率，减少层级，使得上下信息的沟通渠道更为畅通；不仅节省开支，同时可以将企业的重点转移到内容的生产上去。一个机构在规模更小、关注点更集中后更容易承担风险、开拓创新。

第三，采取组织管理与内容采编分离的方式。频频爆出的

---

① "The BBC Picking Up the Pieces"，*The Economist*，2012 年 11 月 17 日。

负面新闻使得一向以准确、平衡、客观著称的 BBC 逐渐失信于公众。 新闻内容失实、反应不及时、节目质量下滑等问题成了 BBC 挥之不去的梦魇。 其实这是远比公司组织结构更为严重的根本性问题。 如果受众不再信任和喜欢这个媒体，那么仅仅通过调整管理、结构层面所取得的效果是极其微小的。 BBC 需要在未来通过提高节目质量来重新赢回公众的信任和良好的口碑。 实践中，可以将管理与内容编辑一分为二，为这两个方面专设负责人。 经理负责公司管理层的工作，负责提高公司效率；总编负责编辑、把关新闻内容和质量，做出有影响力的优质新闻。

尽管面临重重危机，在很多方面，BBC 依然是全世界范围内最值得尊敬的新闻媒体之一，它在过去 90 年的发展中设立的一系列规则与典范，将令全世界的新闻机构和新闻从业者持续获益。①

---

① 常江：《新闻专业主义的现实困境及其在中国生发的社会土壤》，《新闻爱好者》，2013 年第 8 期。

移动互联网：用户、产品和赢利模式决定未来

■陈 虎 顾 佳①

移动互联网是新的经济基础，而不是消费升级。 与传统 PC 互联网不同的是，移动互联网彻底改变了人们的生活，深度渗透进了衣、食、住、行等物质生活以及教育娱乐等文化领域，将马斯洛"需求层次论"②的每一个层次都进行了重构。 本篇报告将着重从用户、产品以及赢利模式三个层面对移动互联网进行剖析。

一、用户和产品是有效的同步指标，收入是滞后指标

在互联网领域，收入明显滞后于行业发展已经成为事实。 只有"用户 + 产品"才是衡量行业与公司发展的同步指标。

（一）腾讯微信：零收入带来千亿市值

腾讯于 2011 年 1 月正式发布自己的跨时代产品：微信。 至 2013 年 11 月，微信注册用户超过 5 亿，活跃用户有 1.94 亿，几乎覆盖了所有的高端手机用户，并且在海外拥有超过 7 000 万的注册用户。 微信已经成为无可争议的杀手级应用，为腾讯锁定

---

① 招商证券研究与发展中心。
② ［美］马斯洛著，许金声译：《动机与人格》，北京：中国人民大学出版社 2007 年版，第 20～21 页。

了一张移动互联网世界的船票。

尽管微信自推出起，在长达两年多的时间内没有贡献任何收入，但是自腾讯宣布微信用户超过 5 000 万开始，腾讯股价出现了非常强劲的上涨，累计涨幅超过 100%，市值超过 6 000 亿港币。 在公司净利润增长低于 30% 的情况下，腾讯 2013 年的动态市盈率比以往高出 40 倍，市场给予腾讯非常高的估值溢价，而微信是核心原因。 很显然，当时还是零收入的微信为腾讯贡献的市值超过千亿。 这说明，对于一个不断成长并拥有超过 5 亿的注册用户的优秀产品，市场愿意给出足够的估值。

2013 年 8 月，微信 5.0 正式发布，迈开了微信商业化的第一步。 首期上线的两款游戏天天爱消除以及天天联萌迅速登上 App Store 中国区收入榜前十。 同时，大幅改善"扫一扫"功能，增加街景、条形码、翻译、封面扫描，进一步打开了 O2O 的想象空间，随着支付系统的引入，微信的商业模式也形成闭环，微信的商业化空间正式揭开面纱。 微信 5.0 的优秀表现，没有辜负之前市场对微信的预期。

（二）价值评估：收入是滞后指标，产品和用户数是同步指标

从现有新媒体市场的经验来看，用户体验的好坏决定着一个新传媒产品的市场成败[1]。 其原因在于互联网和手机无论是内容收费模式，还是以内容为基础的广告售卖模式，都取决于受众的点击行为。 事实上，微信很早便具备了非常强大的赢利能力，但是直到用户超过 5 个亿，它才发布微信 5.0，并正式上线了两款轻度游戏。 这说明对于移动互联网产品而言，收入本身是计划控制的结果，往往不能及时反映产品的真实价值。 仅仅依靠收入来衡量产品的价值，将远远滞后于产品本身实际的赢利能力。

在互联网行业，商业化付费对用户黏性有非常大的损害。

---

[1] 朱春阳：《检视我国传媒集团的"全媒体战略"》，《记者摇篮》，2011 年第 6 期。

许多互联网公司及其产品迟迟不收费，并不意味着其没有能力收费，而是在收费以及用户黏性之间做着非常艰难的权衡。 只有用户对平台的黏性越来越大，比如说，越来越多的朋友网络、私人数据都慢慢地转移上来，使用习惯也越来越依赖产品，用户才会在付费服务上线时不因收费而放弃对产品平台本身的依赖和使用。 只有庞大的用户数以及产品本身的互相配合，才能构筑非常坚实的壁垒，为商业化作好积累。

因此，我们认为用户和产品是衡量公司赢利水平的核心同步指标。 因为只有用户和产品能代表公司的同步发展情况，公司可能会选择延缓商业化步伐，但是用户的增长和产品的更新是互联网公司的生命线，这两点一定要尽全力做大、做好。 体验好的产品能够不断吸引用户使用，而用户的增加又提高了产品的品牌知名度以及黏性，不断的良性循环为产品构筑了非常高的壁垒，并且随着产品的不断更新，公司与竞争对手的差距逐渐拉开，形成明显的领先优势。 所以，对移动互联网公司进行投资，只要当用户积累到一定数量，产品又具备在不损害用户体验的前提下的可持续性付费赢利模式，此时便是公司的买入时点。

二、移动互联网的赢利模式

广告赢利模式在移动互联网时代遇到了巨大挑战，未来用户的前向付费将是移动互联网的核心赢利模式。 Girls、Games、Gamble 是移动互联网用户付费的最主要的动机。

（一）移动互联网时代广告效果差

广告在移动互联网时代的效果并不好，广告作为一种赢利模式遇到了极大的挑战。 在移动互联网时代，广告市场规模的发展一直远远落后于其用户覆盖率以及流量增长的程度。 以美国在线为例，移动终端贡献了近 26％ 的流量，但是仅带来 4％ 的广告收入。

移动互联网广告效果差，有两个重要的原因：一是点击率低，品牌回想度非常低，传播效果非常差；二是没有权威的价值评估体系。

我们可以很清楚地通过电视、互联网以及移动互联网广告之间的对比看出它们的差异。电视广告有最震撼的展示效果，并且能够做到非常好的冲击营销效果。"今年过节不收礼，收礼只收脑白金"、"怕上火喝王老吉"这一类家喻户晓的广告，从目前来看，只有电视能做到。视频网站的展示效果弱于电视，画面更小，并且通常在广告播放的过程中用户会选择静音，甚至会直接切换界面（因为电脑是多任务系统）。移动互联网虽然已经深入用户的生活，可是手机展示效果非常差。用户在使用手机的时候明显比看电视的时候更反感被打扰。同时，手机广告的价值衡量标准的确立仍在讨论中，没有一个公信力较强的评估体系。更遗憾的是，目前还没有一个非常出名的营销案例，这使大型广告主在投放广告的时候缺乏动力。

（二）用户为什么会付费：用户的阿喀琉斯之踵

我们认为未来移动互联网将主要依赖于用户付费的前向收费模式。互联网/移动互联网的用户付费动机是理解移动互联网非常关键的因素。

互联网用户是最吝啬但也是最疯狂的。用户在理性的状态下，几乎不会为互联网付费。然而大量的付费数据证明，用户常常有非常多的需求可以被很好地挖掘和利用，当产品抓住了用户的核心需求时，用户会愿意付出非常多的金钱。

互联网用户付费驱动的核心是"3G"，这三个"G"分别是Girls、Games、Gamble，将其对应的用户需求通俗地翻译成中文就是"好色"、"好玩"、"好赌"。而事实上，在互联网应用中，用户往往会透露出比"3G"更多的需求，能让用户付费的"坑"比比皆是，有大坑也有小坑，有深坑也有浅坑。用户付费通常出于以下几个理由：

第一，用户黏性：用户开始使用一款产品都是抱着非常理性的态度的，就是追求免费。此时开始收费需要产品足够优秀，或者有足够的黏性。

第二，诱惑力：既包括"3G"对人的诱惑，也有一些其他东西的诱惑。 这是用户付费的起点，只有用户被产品的某些设计吸引，并产生了付费的冲动，才有可能实现最终的付费行为。

第三，付费渠道：尽量减少用户从决定付费到支付这两个环节中间的时间。 一个用户决定为自己的偶像作家花费 100 万的过程，在网上或许只需要几分钟，因此他想了，并且做了。 但是如果他需要从银行取 100 万的现金，并且要将这钱送到偶像手中，或许他走到一半就会抱着钱回到银行，重新存起来。

三、渠道与内容之争

移动互联网生来就没有便宜的流量，渠道生态更恶劣，但是存活下来的渠道都是巨头。 移动互联网行业渠道价值越来越明显。 同时，由于手机用户的特殊需求，内容质量对最终收入的影响很大，优质内容依然有非常大的议价权和成长空间。

（一）移动互联网入口机会趋向垄断和集中

相比于桌面互联网层出不穷的平台型产品，移动互联网在渠道领域的机会少得可怜。 这主要是基于以下三个原因：

第一，手机屏幕太小，展示面积远小于电脑，无法吸引用户足够的注意。

第二，用户在手机上的操作数量远少于电脑，点击数少意味着流量少。

第三，用户在手机使用过程中带有目的性，对于其他的弹窗、提示，往往注意不到，甚至对不小心点击而跳出的窗口非常反感。

这意味着移动互联网的入口产品将拥有更强大的话语权。也正是因为如此，已经在 PC 互联网时代成为霸主的互联网巨头，利用自身技术、用户以及资本的优势，频频布局移动互联网。 未来移动互联网入口将进入寡头垄断时代。

现以腾讯微信为例说明这种入口价值：微信首先定位为一个熟人社交工具，因此，用户在使用微信的过程中更加漫无目的。同时，除去信息的交流之外，用户有非常多的关注点，如朋友圈的好友更新、通讯录是否有新的好友申请等。因此，一旦"通讯录"或者"发现"功能有更新，用户就会非常迅速地切换过去。而在"发现"的功能菜单中，朋友圈仅占了非常小的面积，大部分的面积都提供给游戏、扫一扫等产品，这样可以非常好地将流量导到其他的地方。

（二）精品内容影响用户黏性，优质 CP 空间广阔

在渠道趋于垄断的过程中，CP 的生存环境会出现分化：一类是无差异化、功能型的 CP，例如斗地主、连连看等轻游戏，这类 CP 属于一旦腾讯的游戏介入便没有生存空间的产品。由于产品差异化不大，渠道不太可能会将研发工作交给第三方。另一类是差异化、精品的 CP。这一类 CP 的抄袭难度高，赢利能力强。不同 CP 对产品收入的影响非常大。好的 CP 能够产生巨大的价值，这一类 CP 凭借自身强大的赢利能力，在与渠道的合作过程中会有非常大的议价空间。

决定内容议价能力的最核心的因素是内容好坏对于收入的影响程度，再进一步便是用户对内容的要求是否高。如果用户对于内容要求不高，那么产品收入主要取决于渠道提供的流量。如果用户对内容要求很高，那么内容对收入的影响就非常大，即使渠道强势，优质的内容也依然有强大的议价能力。

在手机的使用场景中，用户对于服务或者内容的要求非常高。尽管手机使用的环境是碎片时间，但是严格意义上，碎片时间不等同于垃圾时间。在碎片时间里，无论是玩游戏，还是看新闻，用户对体验的要求都是非常高的。因此，对于重度手机游戏等产品，内容的好坏直接决定了产品的留存率、arpu 值以及最终的收入，一款好的内容产品依然可以有非常大的成长空间。

基于对移动互联网的分析，本文认为手机游戏、视频社交是符合趋势的产品，至于未来如何，我们将充满信心地拭目以待。

图书在版编目（CIP）数据

新媒体茶座／谭天主编. —广州：暨南大学出版社，2014.6
ISBN 978 - 7 - 5668 - 0935 - 3

Ⅰ.①新… Ⅱ.①谭… Ⅲ.①传播媒介—研究 Ⅳ.①G206.2

中国版本图书馆 CIP 数据核字（2014）第 033216 号

....

新媒体茶座

主　编　谭　天

出 版 人　徐义雄
策划编辑　杜小陆　史学英
责任编辑　史　阳　邓铃妹
责任校对　姚晓莉
出版发行　暨南大学出版社（广州暨南大学　邮编：510630）
网　　址　http://www.jnupress.com　http://press.jnu.edu.cn
电　　话　总编室（8620）85221601
　　　　　营销部（8620）85225284　85228291　85228292（邮购）
排　　版　广州良弓广告有限公司
印　　刷　佛山市浩文彩色印刷有限公司
开　　本　889mm×1194mm　1/16
印　　张　7
字　　数　95 千
版　　次　2014 年 6 月第 1 版
印　　次　2014 年 6 月第 1 次
定　　价　22.00 元